JN057412

脱・完璧英語！

「伝わる」
職場の英会話

English
for the
Workplace

無料音声
ダウンロード付

著者：金井真努香

企画・編集協力／和訳：亀井美穂

ベレ出版

はじめに

私は日本とアメリカで１０年ずつ英語の講師をしていますが、サンフランシスコで英語を教えるようになって初めて、クラスの雰囲気が先生だけでなく生徒によっても大きく変わることを知りました。日本では生徒への問いかけに皆沈黙することが珍しくありませんでしたが、現地では静かにさせる方が大変で、ディスカッションでは話が盛り上がり、時間が足りなくなることもしょっちゅうでした。

このような違いが生まれる要因の一つに、アメリカで英語を学ぶ留学生や移民の生徒の大半は自分の英語がどう聞こえるかを気にしていないことがあると思います。日本ではきれいな発音やネイティブのように話す方法についてよく聞かれましたが、こちらでは「こういう時はなんて言えばいいですか」という自分の言いたいことに関する質問の方が圧倒的に多いのです。生徒の中には日本人の留学生もいました。皆基礎知識もあり勉強熱心なのですが、正確な英語を話すことにこだわるせいか議論などにはほとんど参加しないため、多くの生徒が上達の実感を得られないようでした。いまだにネイティブ信仰が強い日本の英語教育市場で、学習者が「ネイティブのような英語」を目指すのは自然な流れだと思います。でも私はそういった流れを変えたいと思いこの本を書きました。ノンネイティブでも堂々と英語を話し学ぶ楽しさがあることを伝えたかったからです。

またアメリカでは English for the Workplace という ESL* のコースがあります。これは日本語の「ビジネス英語」から想像するものとは少し違い「仕事のための英語」や「職場での英会話」という位置づけで、就職活動から職場での交流まで、職種を問わずさまざまな場面で役に立つ英語が対象となっています。私が１１年間執筆を担当した英語学習紙「毎日ウィークリー」の「ビジネス会話 ABC！」では常にこのコンセプトを念頭におき、挨拶、ランチでの雑談、社内イベントなど形式張らな

い場面で使う英語もプレゼンや商談などで使う英語と同じ重要度で扱ってきました。

　この「ビジネス会話ABC！」に掲載した内容をより多くの人に読んでもらうことは長年の夢でしたが、それを後押ししてくれた連載時の担当編集者である亀井美穂さんがいたこともこの書籍を出版することになった理由です。難しいビジネス英語の書籍はすでにたくさん本屋に並んでいます。この本では実際に使える活きた英語表現を厳選して紹介していますが、その多くはとてもシンプルなものです。そういった基本表現を各ユニットで紹介する「今日から使おうこの表現」で学び、その上で登場人物からのアドバイスやCultural Tipにある情報を使って表現の幅を広げることができます。そして「コラム」のページでは「ノンネイティブスピーカー」として自信をつけていく具体例を挙げているので実際に試してみてください。

　私が英語指導において大切にしてることは、生徒が自分の持つポテンシャルを信じられるような環境を作ることです。「自分にもできる」という自信をつけていくことは、新しい単語を１００個覚えるのと同じくらい、またはそれ以上に英語力向上に効果があるからです。講師の仕事はポーカーディーラーのようなものです。私にできることは生徒に必要なカード（ツール）を与えることで、それを使ってどう勝負するかはそれぞれの生徒にかかっています。この本が活きた英語を学ぶきっかけとなり、皆さんにとって頼れるツールになることを願っています。最後に、ベレ出版担当編集の大石裕子さんを始め、本の制作にご協力いただいたすべての方にお礼申し上げます。

*ESL（English as a Second Language）第二言語としての英語コース

金井真努香

目次

【初 級】

【中級】

目次

【上級】

本書の使い方

収録音声

実際に英語を話す人のスピードで自然な会話が収録されています。このため書き言葉とは少し違って聞こえる場合もあります。
例）want to　→ wanna
　　what have → what've

Goal

各ユニットの学習目標が設定されています。ユニットを始める前に読み、学習後にも目標が達成できたか確認しましょう。

前文

各ユニットで扱うテーマの背景やそれにまつわる著者の経験談などを紹介します。学習前のウォームアップとして読んでください。

Unit 02
初級

Talking about Illness
体の不調について話す

Alex　Junko

Goal → 職場で体調が優れない時に使う表現を学びます

カリフォルニアと聞くと一年中暖かいイメージがありますが、サンフランシスコは三方向から冷たい太平洋の水に囲まれているため霧がよく発生し、いつも肌寒いです。このため春や夏でも風邪をひく人が多く、健康の話題は尽きません。

今日から使おう
この表現!

❶
feel a little off
なんか調子が悪い

feel off で普段とは違う状態を指します。I feel off. Maybe I ate something bad for lunch.「なんか（お腹が）変な感じ。低ごはんに悪いもので食べたかな」のように、食べたりにも同じ表現を使うことができます。

❷
I've been feeling dizzy.
めまいがします

I've been 動詞 + ing で、少し前から続いている症状を説明することができます。I've been sneezing / coughing a lot.「くしゃみ・咳が止まらないんです」や I've been feeling dizzy.「めまいがするんです」のように応用できます。

Dialogue 1　次の会話を声に出して読んでみましょう。　🔊 Track03

Alex is checking to see if Junko is ready for her presentation to the sales team.

Alex: Hi, Junko. How are you? Are you ready for today's presentation?

Junko: I hope so. I'm actually **❶feeling a little off** today.

Alex: What do you mean? Did you have bad food or something?

Junko: No, **❷I've been feeling dizzy.**

Alex: Can you present as scheduled?

和訳

順子が行なう販売チームへのプレゼンの準備ができているか、アレックスが確認している。

アレックス：ハイ、順子。調子はどう？ 今日のプレゼンの準備はできてる？

順子：だといいんだけど、実はなんか調子が悪くて。

アレックス：どうしたの？ なんか悪いものでも食べた？

順子：ううん。めまいがするの。

アレックス：予定通りプレゼンできそう？

Junko からの
アドバイス

アレックスはぶっきらぼうなところがあるから、私が体調不良を伝えたあともすぐに仕事の話を続けているけど、次の例文のように相手の気遣いを示すことでもうちょっとやわらかい印象を与える言い方もあります。It's been unusually cold and rainy lately.「最近異常に寒くて雨が多いですもんね」

018

Dialogue

まず会話を声に出して読んでみましょう。その後音声を聞き、読めなかった単語などを確認しながらもう一度練習します。

ダイアログの和訳

会話内容の理解を深めるために使います。すぐに和訳を見るのではなく、まず自分で意味を考えてから読むようにしましょう。

登場人物からのアドバイス

ユニットで使われる語彙・表現に関するトピックや慣用句、仕事に役立つヒントなどを紹介します。自分に必要な情報を選び活用しましょう。

コラム

ノンネイティブスピーカーとして自信をつけていく具体的な方法をお伝えします。また、著者が日本からサンフランシスコに渡り英語講師になるまでの経験談を、それぞれの状況に合う慣用句とともに紹介します。

練習問題

各レベルの学習内容を振り返るための問題です。重要表現だけでなく、テキスト全体から出題されます。中級と上級の問題はヒントとなる文のみに訳がついているので、気になる表現などがある場合は自分で調べてみましょう。

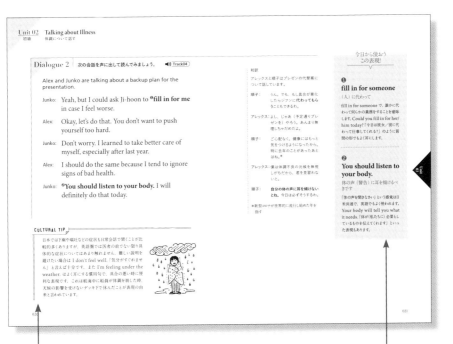

Cultural Tip

サンフランシスコ・ベイエリアで見られる企業文化や習慣を中心とした文化面のポイントをまとめています。異文化理解に役立てることができます。

「今日から使おう この表現」

ダイアログに出てきた重要表現です。表現を使う場面や使い方などを確認しながら覚えていきましょう。

登場人物
紹介

ゲーム会社「コード・エンターテイメント社」が舞台。日本企業が外資系企業と合併して会社のトップや上司が英語圏の人になり、社内公用語がある日突然英語になってしまった。登場人物の業務内容は、主にゲームの開発と制作が中心。数年前に競合企業のグローバル・ゲームズ社に買収される。日々の業務を通じて、コミュニケーション能力や実務能力を高めていく社員の姿を描く。

Engineering Department

TEAM 1

Alex アレックス
(Team Leader)

アメリカ人。チーム結成当初からのメンバー。思ったことをすぐに口にするタイプで少しきつい性格だが、率直な意見が求められる場では重宝されている

Wendy
ウェンディー
(Director)

イギリス人。買収後の組織再編によって着任したディレクター。若いがやり手

Junko 順子
(Senior Engineer)

チーム結成当初からのメンバー。常にマイペースで仕事を進めるタイプで親しみやすい。離婚を経験し、その後カルロスと交際を始めるが周囲には内緒

Product Department

Tim ティム
(Director)

アメリカ人。元々コード・エンタテインメント社の社員。同社が買収されたことで製品部のディレクターになる。部下の長所を活かすのが得意で何かと頼りになる上司

Sandy サンディー
(Product Manager)

日系アメリカ人。はっきり物をいうサバサバしたタイプで多少おせっかいな面がある。2人の娘を持つワーキングマザーでもある

Keisuke 啓介
(Market Research Analyst)

消費者データなどを収集し分析するアナリスト。英語関連ワークショップなどに積極的に参加する語学オタク。勉強熱心でサンディーによくアドバイスを求める

Ji-hoon ジフン
(Junior Engineer)
韓国系アメリカ人。チーム増員枠で数年前に採用。入社後数ヶ月はトングとうまく行かず、順子に相談する。否定的なフィードバックを個人的に受けとめる傾向がある

TEAM 2

Trisha トリシャ
(Team Leader)
インド人。少し優柔不断で、アレックスを何かと頼りにする。長期間付き合っている彼氏がいる

Carlos カルロス
(Junior Engineer)
メキシコ人。温和でおとなしい性格だが、一度打ち解けるとよく話す。ミッドセンチュリーの家具が趣味で、ビデオゲームが好きなインドア派

Tong トング
(Senior Engineer)
中国人。チーム増員枠で数年前に採用。息子2人と養子援助で迎えた赤ちゃんの娘がいる。趣味はスカイダイビングなどのエクストリームスポーツ

Nicky ニッキー
(Senior Engineer)
アメリカ人。カルロスと仲がよく色々なことについて気兼ねなく話す。趣味はサイクリング

Kenny ケニー
(Junior Engineer)
イギリス人の若手。チーム増員枠で数年前に採用。少しシニカルな性格で、ワークライフバランスを大切にする

Marketing Department

Keiko 景子
(Marketing Assistant)
合併当初からの社員。初めは英語が苦手で自己主張も苦手であったが頑張り屋で重要な仕事を次々と任されるようになる。買収後マーケティングチームに異動

Server
レストランの給仕

Lyft Driver
配車サービスの運転手

Ken ケン
サンディーの夫

Andrew アンドリュー
景子の上司

音声ダウンロード方法

① パソコンで「ベレ出版」ホームページ内『脱・完璧英語！「伝わる」職場の英会話』の詳細ページへ。「音声ダウンロード」ボタンをクリック。
② 8ケタのコードを入力してダウンロード。

ダウンロード　　MKviC2G6

<注意> スマートフォン、タブレットからのダウンロード方法については、小社では対応しておりません。

＊ダウンロードされた音声はMP3形式となります。zipファイルで圧縮された状態となっておりますので、解凍してからお使いください。

＊zipファイルの解凍方法、MP3携帯プレーヤーへのファイル転送方法、パソコン、ソフトなどの操作方法については、メーカー等にお問い合わせくださるか、取り扱い説明書をご参照ください。小社での対応はできかねますので、ご了承ください。

スマホで音声をダウンロードする場合

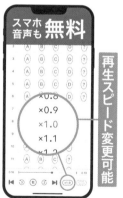

＊以上のサービスは予告なく終了する場合がございます。
☞音声の権利・利用については小社ホームページ内「よくある質問」にてご確認ください。

【初級】

簡単な単語だけでも会話は成り立ちます。
シンプルな文章に慣れていきましょう。

Unit 01
初級

Introducing Yourself
自己紹介をする

Tong   Keiko

Goal ↝ 簡単な自己紹介をできるようにします

会社の上司や同僚に初めて会う際は、なるべく良い印象を残したいものです。
英語圏における自己紹介では名刺交換はあまり重要ではありません。それよ
りも相手の目をしっかり見て話す、握手は力を込めておこなうなどのボディラン
ゲージが大切です。

Dialogue 1 | 次の会話を声に出して読んでみましょう。 ◀)) Track01

Tong starts a conversation with Keiko, who works in the
Marketing Department.

Tong: Hello, ❶**I don't think we've officially met yet.**
I'm Tong.

Keiko: No, we haven't. I'm Keiko.

Tong: ❷**It's a pleasure to meet you.**

Keiko: Very nice to meet you.

❶ I don't think we've officially met yet.

あなたとまだ正式にお会いしたことが
ないと思います

職場で正式に会ったことのなかった人に自己
紹介をする際に使い、このあとに名前を続
けて述べます。officially を formally に
置き換えることもあれば、省略して I don't
think we've met yet. と言うこともできま
す。

❷ It's a pleasure to meet you.

お会いできて光栄です

I'm pleased to meet you. / Glad to
meet you. / Nice meeting you. など何
通りもの言い方ができます。どんな組み合わ
せも可能なので、言いやすい表現を一つ選
んでおくといいでしょう。

和訳

トングが、マーケティング部で働く景子と会
話を始めます。

**トング:こんにちは。正式にお会いしたこと
はなかったですよね。トングです。**

景子: はい、初めてお会いします。景子で
す。

トング:お会いできて光栄です。

景子: どうぞよろしくお願いします。

Keikoからの
アドバイス

My name is ... より I'm ... の
方がより自然でよく使う表現です。
長い名前や外国人が発音しにく
い名前などは I'm Kenichiro.
Please call me Ken. のように
ニックネームを加えるとすぐに
覚えてもらえます。

Dialogue 2 | 次の会話を声に出して読んでみましょう。   🔊 Track02

Tong carries on a conversation with Keiko.

Tong: **❶I've heard a lot of good things about you.**

Keiko: Thanks. We have good teams here.

Tong: So **❷what brings you here today?**

Keiko: I came here to talk to Alex.

CULTURAL TIP

英語にも社交辞令があり、直接会うのは初めての人に対
しては I've heard a lot about you.「噂はかねがね伺っ
ています」が定番です。答え方も Only good things, I
hope.「いいことだけだと良いのですが」と決まっていま
す。また「良い噂を聞いている」と言われたら Thank
you. と答えれば大丈夫です。

和訳

トングは景子との会話を続けます。

トング：あなたの良い噂をたくさん聞いてますよ。

景子： ありがとうございます。ここ（技術部）には良いチームがいますから。

トング：それで、今日はなぜこちらに？

景子： アレックスに話があって来ました。

今日から使おう
この表現!

❶
I've heard a lot of good things about you.

あなたの良い噂を
たくさんお聞きしています

直接会うのは初めての人に対してよく使われる表現です。good を great に置き換え、誇張して褒めることもできます。

---

❷
What brings you here today?

今日はなぜここにいるのですか？

自己紹介から会話を切り替える表現です。イベントなどで居合わせた人に話しかける場合にも使えます。ここでは What are you doing here? と同じ意味です。

Unit
01

Unit 02

初級

Talking about Illness

体の不調について話す

Alex   Junko

Goal ⤳ 職場で体調が優れない時に使う表現を学びます

カリフォルニアと聞くと一年中暖かいイメージがありますが、サンフランシスコは三方向から冷たい太平洋の水に囲まれているため霧がよく発生し、いつも肌寒いのです。このため春や夏でも風邪をひく人が多く、健康の話題は尽きません。

Dialogue 1 | 次の会話を声に出して読んでみましょう。 🔊 Track03

Alex is checking to see if Junko is ready for her presentation to the sales team.

Alex: Hi, Junko. How are you? Are you ready for today's presentation?

Junko: I hope so. I'm actually ❶**feeling a little off** today.

Alex: What do you mean? Did you have bad food or something?

Junko: No, ❷**I've been feeling dizzy**.

Alex: Can you present as scheduled?

❶ feel a little off

なんか調子が悪い

feel off で普段とは違う状態を指します。I feel off. Maybe I ate something bad for lunch. 「なんか (お腹が) 変な感じ。昼ごはんに悪いものでも食べたかな」のように、食あたりにも同じ表現を使うことができます。

❷ I've been feeling dizzy.

めまいがします

I've been 動詞 + ing で、少し前から続いている症状を説明することができます。I've been sneezing / coughing a lot. 「くしゃみ・咳が止まらないんです」や I've been feeling dizzy. 「めまいがするんです」のように応用ができます。

和訳

順子が行なう販売チームへのプレゼンの準備ができているか、アレックスが確認しています。

アレックス: ハイ、順子。調子はどう？ 今日のプレゼンの準備はできてる？

順子: だといいんだけど。実は**なんか調子が悪くて**。

アレックス: どうしたの？ なんか悪いものでも食べた？

順子: ううん、**めまいがするの**。

アレックス: 予定通りプレゼンできそう？

Junko からの
アドバイス

アレックスはぶっきらぼうなところがあるから、私が体調不良を伝えたあともすぐに仕事の話を続けているけど、次の例文のように相手への気遣いを示すことでもう少しやわらかい印象を与える言い方もあります。It's been unusually cold and rainy lately. 「最近異常に寒くて雨が多いですもんね」

Dialogue 2 | 次の会話を声に出して読んでみましょう。　🔊 Track04

Alex and Junko are talking about a backup plan for the presentation.

Junko: Yeah, but I could ask Ji-hoon to ❶**fill in for me** in case I feel worse.

Alex: Okay, let's do that. You don't want to push yourself too hard.

Junko: Don't worry. I learned to take better care of myself, especially after last year.

Alex: I should do the same because I tend to ignore signs of bad health.

Junko: ❷**You should listen to your body.** I will definitely do that today.

CULTURAL TIP

日本では下痢や嘔吐などの症状も日常会話で聞くことが比較的多くありますが、英語圏では医者の前でない限り具体的な症状についてはあまり触れません。難しい説明を避けたい場合は I don't feel well.「気分がすぐれません」と言えば十分です。また I'm feeling under the weather. はよく耳にする慣用句で、具合の悪い時に便利な表現です。これは航海中に船員が体調を崩した時、天候の影響を受けないデッキ下で休んだことが表現の由来と言われています。

和訳

アレックスと順子はプレゼンの代替案について話しています。

順子： うん。でも、もし具合が悪化したらジフンに**代わってもらう**こともできるわ。

アレックス： よし、じゃあ（予定通りプレゼンを）やろう。あんまり無理しちゃだめだよ。

順子： ご心配なく。健康にはもっと気をつけるようになったから。特に去年のことがあったあとはね。*

アレックス： 僕は体調不良の兆候を無視しがちだから、君を見習わないと。

順子： **自分の体の声に耳を傾けないとね**。今日は必ずそうするわ。

＊新型コロナが世界的に流行し始めた年を指す

今日から使おう
この表現!

❶

fill in for someone

（人）に代わって

fill in for someone で、誰かに代わって何らかの業務をすることを意味します。Could you fill in for her/him today?「今日は彼女／彼に代わって仕事してくれる?」のように質問の形でもよく耳にします。

---

❷

You should listen to your body.

体の声（警告）に耳を傾けるべきです

「体の声を聞きなさい」という感覚は日米共通で、英語でもよく使われます。Your body will tell you what it needs.「体が（私たちに）必要としているものを伝えてくれます」といった表現もあります。

Unit
03

Dress Code Policy

服装規定

Wendy   Tim

Goal ↣ 服装や規則に関する表現を学びます

在宅勤務が珍しくなくなった今、会社に出勤する時の服装基準を明確にする必要性を感じている企業が増えています。アメリカの IT 業界は元々服装の自由度が高かったため、妥当性の線引きが難しいようです。

Dialogue 1 | 次の会話を声に出して読んでみましょう。 🔊 Track05

Wendy is talking to Tim about updating the office dress code.

Wendy: So the dress code is basically going to be ❶**the same as before**, right? Jeans and ❷**hoodies** are acceptable.

Tim: Yes, but we should clarify what's acceptable. For example, no ripped jeans or hoodies with inappropriate logos.

Wendy: Defining "inappropriate" might be difficult, but I can include that in the policy.

Tim: It might also be wise to recommend collared shirts for client meetings.

❶ the same as before

以前と同じ

規定が変更された場合は different from before という表現を使います。different than before も話し言葉ではよく聞くので、前置詞はあまり気にしなくても大丈夫でしょう。

❷ hoodie

パーカー

日本語でいうパーカーのことです。parka も英語ですがスウェット素材のものに対しては使いません。また日本語でトレーナーやスウェットと呼ぶ上着は英語で sweatshirt と言わないと通じないので気をつけましょう。

和訳

ウェンディーは服装規定の改定について、ティムと話しています。

ウェンディー: では、服装規定は基本的には**以前と同じ**ということね? ジーンズと**パーカー**は着用可と。

ティム: そうだ。だが、許容範囲を明確にしなければならない。例えば、破れたジーンズや不適切なロゴが入ったパーカーは不可とする、など。

ウェンディー: 「不適切」の定義が難しいと思うけど、規定の指針に入れておきましょう。

ティム: それから、顧客との会議では襟付きシャツの着用を推奨するのが賢明だろう。

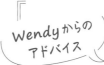

Wendyからの
アドバイス

日本では一部の業界を除いて、基本的にきちんとした服装を求める企業が多いと思います。多くのビジネスパーソンが着るワイシャツは英語で dress shirt または button-up shirt などと言います。またポロシャツも collared shirt「襟のあるシャツ」という言い方をよくします。

Unit 03　Dress Code Policy
初級　　服装規定

Dialogue 2 | 次の会話を声に出して読んでみましょう。　◀)) Track06

Wendy challenges Tim's recommendation.

Wendy: I'm not sure if that's really necessary. People can ❶**use their own judgement** for that.

Tim: Are you sure you want to leave that up to everyone to decide?

Wendy: Sure. Many of our clients come from casual workplaces anyway. We should ❷**keep things flexible**.

Tim: You do have a point. I guess we need a policy that encourages people to come into the office.

CULTURAL TIP

「カジュアルな職場」は casual workplace と言い、「カジュアルな社風」は casual workplace culture といった表現が使われます。サンフランシスコ・ベイエリアで働く若い世代のエンジニアにとっては譲れない条件の一つに入るほど重要だといわれています。

和訳

ウェンディーはティムの提案に疑問を投げかけます。

ウェンディー：それは本当に必要かしら。その点については、皆**それぞれ判断**できるから。

ティム：　　本当に各自の判断に委ねて大丈夫なのか？

ウェンディー：もちろん。どのみち、カジュアルな職場の顧客が多いし。**柔軟性を持たせ**た方が良いと思うわ。

ティム：　　確かに君の言うことにも一理ある。従業員が出社しやすくなるような規定が必要かもしれない。

use one's own judgement

自ら判断をする

use one's own judgement で「自ら判断をする」という意味があります。Use your best judgement.「自分で最善の判断をしてください」という表現もよく聞きますが、自分で責任を持って決めてくださいという意味合いが含まれます。

keep things flexible

何事も柔軟性を保つ

服装規定があっても、最終的には社員それぞれの臨機応変な対応が必要になります。Let's keep it flexible.「臨機応変にいきましょう」といった表現も知っておくと役に立ちます。

Asking for Help
助けを求める

Trisha   Alex

Goal ⤳ 助けを求める、頼みを引き受けるのに
役立つ表現を学びます

アメリカでは基本的に Do it yourself の精神で物事に取り組む傾向があります。これは「自分のことは自分で行なう」ことで、日曜大工から仕事まで幅広いものに対していえます。しかし、いったん援助が必要と判断したら、ためらわず人の助けを求めるのが米国文化の特徴です。

Dialogue 1 | 次の会話を声に出して読んでみましょう。 🔊 Track07

Trisha is asking for Alex's help on making interview questions.

Trisha: Hi Alex. Do you have some time today to **❶help me with** the interview questions?

Alex: Is it for the intern interviews?

Trisha: Yes, we need to update these questions to hire good candidates this year.

Alex: **❷I can help you with that**, but I thought you wanted to do it yourself.

❶

help someone with ...

(人が) ~ (するの) を手伝う

Can you help me with the interview questions? のように Can you を加えて単刀直入に助けを求めることもできます。もう少し丁寧に聞きたい場合は Could you ...? を使うといいでしょう。

❷

I can help you with that.

それを手伝えますよ

I can certainly help you with that.「もちろん手伝えます」のように certainly を加え、快く引き受けることもできます、また Can I help you with that? のように質問にして使うこともできます。重いものを一人で運んでいる人などに一声かけるのに便利です。

和訳

トリシャは面接の質問作成を手伝ってくれるよう、アレックスに頼みます。

トリシャ： ハイ、アレックス。今日、面接の質問を作る**のを手伝ってもらう**時間ある?

アレックス：インターン面接の?

トリシャ： そう。今年こそは良い候補者を採用するために、質問事項を改訂しないといけないの。

アレックス：**手伝えるよ**。でもトリシャは自分一人でやりたいのかと思ってた。

CULTURAL TIP

助けに対するアメリカ人の考えは You scratch my back, and I'll scratch yours. という慣用句によく表れています。直訳すると「私の背中を掻いてくれたら、私もあなたの背中を掻いてあげます」という意味で、日本語の「持ちつ持たれつ」にあたります。助けを求めると迷惑になるといった日本の感覚とは全く異なり、将来相手を助けることを前提に助けてもらうと思えば、気軽に助けを求められるのではないでしょうか。

Dialogue 2 | 次の会話を声に出して読んでみましょう。   ◀)) Track08

Alex is joking around with Trisha.

Trisha: I thought so too, but I changed my mind.

Alex: Don't worry. You've come to the right person.
❶Let me help you.

Trisha: (laughing) Thank you. I appreciate it.

Alex: **❷Don't mention it**.

Alexからの
アドバイス

You've come to the right person.「私のところに
きて正解です」は「私に任せておけば間違いない」「私
に任せなさい」というニュアンスが含まれているよ。ま
た If you want good pizza, you've come to the
right place!「美味しいピザを食べるには、ここはうっ
てつけの場所です」のように person を place に置き
換えて応用することも可能。

和訳

アレックスはトリシャに冗談を言っています。

トリシャ： 私もそう思ってたんだけど、考えが変わったの。

アレックス：ご心配なく。僕のところにきて正解だよ。**手伝わせてください。**

トリシャ： （笑いながら）ありがとう。感謝するわ。

アレックス：**どういたしまして。**

今日から使おう
この表現!

❶

Let me help you.

手伝わせてください

ここでは冗談っぽく使われていますが、相手が助けを拒んだ場合に「ぜひ手伝わせてください」「手伝わせてくれませんか」という意味合いで使うこともできます。

- -

❷

Don't mention it.

どういたしまして

直訳は「お礼を述べないでください」で、You're welcome. と同じように使われます。日本語の「お礼にはおよびません」や「気にしないでください」といった意味に近いでしょう。

Unit
04

029

Unit 05
初級

Follow-up Questions

Trisha   Carlos

追加の質問

Goal ⤳ 会話を掘り下げるための方法を学びます

どんな会話でも conversation starter「会話を切り出す話題・表現」が必要ですが、話を掘り下げ会話を続かせる follow-up questions も不可欠です。追加の質問は現状把握、採用面接、日常会話などさまざまな場面で必要になります。

Dialogue 1 | 次の会話を声に出して読んでみましょう。 🔊 Track09

Carlos is having a meeting with Trisha to talk about Kenny.

Trisha: I sensed from your email that you're not happy with Kenny. ❶**Can you tell me more about it?**

Carlos: I'm a pretty easygoing person, but his work pace has been too slow.

Trisha: ❷**So what you're saying is that** Kenny is not meeting his deadlines?

Carlos: Yes, he has already missed a few.

❶

Can you tell me more about it?

そのことについてもっと詳しく
教えてください

詳細を知るための質問で、What do you mean by ...?「〜ってどういうことですか?」もよく耳にします。カジュアルな会話では Tell me more!「もっと詳しく教えてよ」でも十分です。

❷

So what you're saying is that ...

つまりあなたが言いたいことは〜

自分の理解が正しいか相手に尋ねる表現で、相手の発言を別の言い方で質問にしています。So you're saying that ... のようにさらに短くして使うこともできます。

和訳

カルロスは、ケニーについて話し合うためにトリシャと会議をしています。

トリシャ: あなたがケニーについてよく思ってないことがメールから伝わったわ。**もっと詳しく教えてくれる?**

カルロス: 僕はかなりのんびりした性格ですが、それでも彼の仕事のペースは遅すぎます。

トリシャ: **つまりあなたが言いたいのは、**ケニーは締め切りを守っていないってこと?

カルロス: はい、既にいくつかの締め切りに遅れています。

Trisha からの
アドバイス

あたり前すぎて忘れがちだけど、追加の質問をするにはまず相手の話を興味や関心を持って聞くことが絶対条件となるわ。会話力を上げるためには相手の言うことを聞く、つまり good listener「聞き上手な人」でいることも大切なの。

Dialogue 2 | 次の会話を声に出して読んでみましょう。　🔊 Track10

Trisha continues with her questions to find out more about Kenny.

Trisha: Okay, now I understand your concern. **❶Are you aware of** any changes in his life?

Carlos: No, I don't think so, although Nicky might know something. I can ask her later.

Trisha: That would be very helpful. Don't worry too much for now. **❷We'll figure this out together.**

Carlos: Thank you, Trisha. I'm glad we had a chance to talk.

CULTURAL TIP

外資系企業では自分の主張を通す人も多いため、誰かから問題を提起された場合はまず相手の言い分を聞いたり、I understand your concern.「あなたの懸念はわかります」などの表現を使って相手に共感することが円満な関係を保つポイントになります。これは上司と部下の間だけでなく、同僚同士の会話にも当てはまります。

和訳

トリシャはケニーの様子を把握するために質問を続けます。

トリシャ: そう、あなたの懸念していることがわかったわ。彼の生活で何か変化があったか**知ってる?**

カルロス: いえ、知らないです。でもニッキーなら何か知ってるかもしれません。あとで聞いてみます。

トリシャ: それはとても助かるわ。とりあえず今の時点ではあまり心配しないで。**一緒に問題を解決していきましょう。**

カルロス: ありがとうございます、トリシャ。話をする機会があって良かったです。

❶

Are you aware of ... ?

〜を知っていますか?

問題解決に向けての情報を得るために使われている質問です。少しかしこまった響きがあるため、使うことに抵抗のある人は Did you hear anything new about Kenny's life? のように Did you hear anything ...? 「〜について何か聞きましたか?」を使うのもいいでしょう。

Unit
05

❷

We'll figure this out together.

一緒に問題を解決していきましょう

課題への対応・解決が必要な場において相手にも取り組みを促す、役に立つ表現です。もう少し連帯感を出したい場合は Let's figure this out together. と言うこともできます。

英語はネイティブだけの
ものではない

日本における英語教育の歴史は非常に長く、事実上1947年から英語は中学生の必須科目となっています。今では小学校3年生から英語教育を始めるようになりましたが、それでも海外で「日本人は英語が苦手、話せない」というイメージがあるのは、日本国内で英語がコミュニケーションツールとして扱われていないからです。多くの日本人にとって英語を学習する主な動機は大学入試に合格することと、TOEICで高得点を取るためでしょう。英語を学ぶ機会を得るという意味ではどんな動機でもいいのですが、問題なのはどちらも正解することが目的で、「正しい英語」を追求することが最終目標になってしまうことです。

　また日本では「英語の先生」と聞くと母国語が英語の典型的な白人の先生を想像しがちです。しかし日本を一歩出ると私のように英語を第二言語として学んだアジア人の先生も珍しくなく、世界各国で教える英語講師のなんと8割がノンネイティブといわれています。これは世界の英語話者におけるノンネイティブの割合と全く同じです。

さらに英語を第一言語とする国でも皆が同じ英語を話しているわけではありません。私が住むサンフランシスコ・ベイエリアのIT企業ではさまざまな国の人が働いていますが、それぞれが自分の話しやすい英語で会話をしています。例えばイタリア人の英語はリズミカルな抑揚があり、howやhouseなどの単語は「アウ」「アウス」などのようにhの音が脱落しやすい傾向があります。またタイ人の英語はtwo penのようによく複数名詞のsが落ちてしまいます。どちらの場合も話者の母国語の特徴がそのまま英語に反映されているのですが、そんなことを気にしている人は誰もいません。またシンガポールで話される英語Singlishは中国語とマレー語の影響をもろに受けていて、発音から文法までかなり癖があります。初めてシンガポールに行った時、皆が話す英語を全く聞き取れなくてショックを受けました。

　こういった状況を知ると、なぜ日本人はこんなにネイティブの英語にこだわっているのかと思いませんか？　私は今までさまざまな国から来た人に英語を教えてきましたが、日本人の生徒はどうしても標準英語を正しく使うことにこだわります。それゆえ英語の知識は豊富なのに会話に参加できない人が多いのです。まずは英語に対する感覚を「ネイティブ英語」から「世界英語」に変えてみましょう。そこで初めて英語習得に向けてのスタートラインに立てるのだと思います。

Unit 06
初級

Small Talk before a Meeting

Kenny   Nicky

会議前の世間話

Goal ⤳ 雑談力を高める表現を学びます

サンフランシスコで日本人駐在員の方たちに英語を教える機会がありました。多くの人が専門的で難しいプレゼンを英語で行なえるのに、世間話が苦手でその練習を希望していました。大切なのは相手の話に興味を持ち、会話が続くような質問をすることです。

| Dialogue 1 | 次の会話を声に出して読んでみましょう。　◀) Track11 |

Kenny and Nicky are having a conversation before their team meeting.

Kenny: Hey, Nicky. Are we the only people here?

Nicky: Yes, I guess ❶**everyone is running late**. Just have a seat. So ❷**what's new?**

Kenny: Not much. I got a dog recently.

Nicky: Oh nice. What kind of dog is it?

Kenny: It's a beagle.

❶ Everyone is running late.

皆遅れています

予定よりも遅れる時に使う表現で、I'm running 10 minutes late.「10分ほど遅れます」のように、遅れる時間を具体的に加えて使うこともできます。

❷ What's new?

最近何か変わったことあった?
最近どう?

会話を切り出すためによく使われる質問です。How are you? より圧倒的に実用性の高い表現で Anything new? や How's it going? も同様によく使います。

Unit
06

和訳

チーム会議の前にケニーとニッキーが話をしています。

ケニー： やあ、ニッキー。（会議室にいるのは）僕たちだけ?

ニッキー：うん。**皆遅れてる**みたい。
座って。で、**最近はどう?**

ケニー： 特には。犬を飼い始めたよ。

ニッキー：あら、いいわね。種類は?

ケニー： ビーグルなんだ。

Nickyからの
アドバイス

What's new? に対してはどんな答えもあり得るから、「追加の質問」を聞くことがとても重要なの。例えばケニーの I got a dog recently. に対しては、Is it a puppy?「子犬なの?」や Did you adopt one from a shelter?「保護施設から引き取ったの?」などといった質問で会話を続けることもできます。

Dialogue 2 | 次の会話を声に出して読んでみましょう。　🔊 Track12

Nicky is asking more questions about Kenny's dog.

Nicky: Oh, I heard beagles bark a lot, don't they?

Kenny: Yeah, but it should be okay. I plan to hire a dog trainer. What's new with you?

Nicky: Well, ❶**this is just between you and me, but** I might go on a detox retreat.

Kenny: Really? That's interesting. ❷**You'll have to tell me more about it later.**

CULTURAL TIP

新型コロナの流行を機にビデオ会議が急増したこともあり、雑談の有無は会議の規模や参加する人によっても判断が必要となります。なかには一日中ビデオ会議をしているため、雑談を省きたいという社員もいるようです。とはいえ同じチームで毎日一緒に仕事をしている同僚とは、少し世間話をしてから会議に入る方がチームワークが高まるでしょう。

和訳

ニッキーはケニーの犬について更に尋ねます。

ニッキー： えっ、ビーグル犬ってすごく吠えるんでしょう?

ケニー： うん、でも多分大丈夫。ドッグトレーナーを頼むつもりだから。君の方はどう?

ニッキー： そうね、**ここだけの話だけど**、デトックスリトリート*に行くつもりなの。

ケニー： 本当に? それは面白そうだね。**あとでもっと詳しく聞かせて。**

*日常から離れた場所で、自然食や瞑想などにより心身をリセットさせるプログラム

今日から使おう
この表現!

❶
This is just between you and me, but ...

ここだけの話ですが〜

他の人には知られたくない情報を共有する時に使う表現です。また気を許せる人に This is just between you and me, but I don't like the new bonus system.「ここだけの話ですが、新しいボーナス制度が好きではありません」のように正直な意見を伝える時にも使えます。

Unit
06

❷
You'll have to tell me more about it later.

あとでもっと聞かせてください

会議が始まりそうになったり、雑談をうまく切り上げたい時に役立つ表現です。話し手が I'll tell you more later.「あとでもっと話しますね」と言って会話を終わらせることもできます。

039

Celebrating a Co-worker's Birthday

Nicky   Carlos

同僚の誕生日を祝う

Goal ⤳ 誕生日にまつわる表現を学びます

知人の奥さんの誕生日パーティーに参加しました。話題のレストランを貸切り、50人以上のゲストに特別なメニューが用意されていて、とても華やかなイベントでした。アメリカでは何歳になっても誕生日を大切にする文化があり、職場でも同じ傾向がみられます。

Dialogue 1 | 次の会話を声に出して読んでみましょう。 ◀)) Track13

It's Carlos' birthday today.

Nicky: Happy birthday Carlos!

Carlos: Thanks! It's **❶the last year of my 30s**.

Nicky: Wow, I had no idea that we're the same age!

Carlos: I didn't know that either. When is your birthday?

Nicky: Mine was last month.

Carlos: I'm sorry, I missed it. **❷I'm terrible at remembering birthdays.**

❶ the last year of my 30s

30代最後の年

節目の年齢を迎える1年前の誕生日を表すのによく使われます。I turned 39. 「39歳になりました」と比べ「40代目前」といったニュアンスが加わります。また I'm turning the big four-oh this summer! 「私はこの夏40歳の大台に乗ります」といった表現も節目の年齢に使います。

❷ I'm terrible at remembering birthdays.

私は（人の）誕生日を覚えるのがひどく苦手なんです

I'm bad at remembering birthdays. / I'm bad with birthdays. 「（人の）誕生日を覚えるのが苦手なんです」や I can't remember anyone's birthday. 「誰の誕生日も覚えられないんです」のように何通りもの言い方があります。

和訳

今日はカルロスの誕生日です。

ニッキー：カルロス、お誕生日おめでとう!

カルロス：ありがとう。**30代最後の年**だよ。

ニッキー：えー、私と同い年だったなんて知らなかった。

カルロス：僕も知らなかったよ。誕生日はいつ?

ニッキー：先月だったの。

カルロス：もう過ぎちゃってたね、ごめん。**人の誕生日を覚えるのが苦手なんだ。**

Carlosからの
アドバイス

誕生日を覚えるのが苦手な人は belated「遅れて」という1語を足した Happy belated birthday!「遅ればせながら、誕生日おめでとう!」という表現が役に立つよ。またメールなどでメッセージを送る場合は、Happy birthday! のあとに I hope you have a great day.「どうか素敵な1日をお過ごしください」と加えるだけで、きちんとしたお祝いの言葉になるんだ。

Dialogue 2 | 次の会話を声に出して読んでみましょう。　🔊 Track14

Nicky is asking Carlos where he wants to go for lunch.

Nicky: Oh, that's okay. You'll just have to buy me an expensive bottle of wine.

Carlos: Sure, I can do that.

Nicky: I'm just kidding! Anyway, where do you want to go for lunch? ❶**It's on the team.** Kenny and Trisha will be coming, too.

Carlos: Great! How about the Indian buffet?

Nicky: Anything you like, Carlos. ❷**It's your day today.**

CULTURAL TIP

アメリカでは、年齢による差別を防ぐために履歴書や採用面接などで年齢を聞くことは違法とされています。このような背景からか、誕生日は大切にするものの職場で人の年齢を直接聞くことはまずありません。またプライベートでも年齢には無関心な人が多く、10年来の付き合いでも互いの年齢を知らないといったこともよくあります。このため How old are you?という質問は出番が少なく、子供の誕生日に「何歳になったの?」という意味で尋ねる時に使うくらいです。

和訳

ニッキーはカルロスに、ランチに行きたいところを尋ねます。

ニッキー: 大丈夫。高級ワインを買ってくれればいいから。

カルロス: もちろんそうするよ。

ニッキー: 冗談だってば。それはともかく、ランチはどこに行きたい? **チームのおごりよ。**ケニーとトリシャも来るって。

カルロス: やった! インド料理のビュッフェはどう?

ニッキー: どこでも好きなところでいいよ、カルロス。**今日はあなたの日**なんだから。

❶

It's on the team.

チームのおごりです

(be) on ...で「~が支払う」という意味があります。It's on me.「私のおごりです」や It's on the company.「会社負担です」のように応用できます。

❷

It's your day today.

今日はあなたの日です

誕生日だけでなく結婚式など特別な日を迎えた人に対して使います。It's your day today. Happy birthday!「今日はあなたの日です。誕生日おめでとう!」のように、そのままお祝いの言葉にもなります。

Unit 07

Unit 08
初級

A Drink after Work
仕事後の一杯

Tong　Ji-hoon

Goal ↪ お酒の席で使える表現を学びます

アメリカでは社員大勢での飲み会はほぼありませんが、チーム内で参加したい
人だけでハッピーアワー*に行くことはよくあります。上司が参加する場合でもプ
ライベートが大事な人は誘いを断っても問題なく、基本的に強制感がありません。

*平日夕方など早い時間帯に酒類を割引価格で提供するサービス

Dialogue 1 | 次の会話を声に出して読んでみましょう。　◀) Track15

Tong and Ji-hoon are at a bar for happy hour. They are
waiting for Junko.

Tong: Before Junko gets here, **❶let's clear the air
between us.**

Ji-hoon: Yeah, I realized you were just trying to be
helpful with your feedback. Please don't worry
about it.

Tong: Oh, good. I'm glad. **❷Cheers to that!**

Ji-hoon: Cheers! So I heard you're into skydiving. Have
you gone recently?

❶

Let's clear the air between us.

お互いの誤解を解きましょう

気まずくなった同僚と仲直りするのに便利な表現です。Can we put the past behind us?「過去のことは水に流しましょう」も同じように使うことができます。

❷

Cheers to that!

それに乾杯!

Cheers to that idea!「そのアイデアに乾杯!」や Cheers to our team!「私たちのチームに乾杯!」のように応用できます。また単に Cheers!「乾杯!」でも大丈夫です。

和訳

トングとジフンはバーのハッピーアワーに来ています。順子が来るのを待っているところです。

トング: 順子が来る前に、**お互いの誤解を解いておきましょう。**

ジフン: はい。僕の力になろうと(業務の)フィードバックをしてくれたんだと気づきました。気にしないでください。

トング: ああ、良かった。安心しました。誤解が解けたこと**に乾杯!**

ジフン: 乾杯! ところで、スカイダイビングにはまっているそうですね。最近も行きましたか?

CULTURAL TIP

Unit 08

ハッピーアワーではそれぞれ好きな飲み物や食べ物を注文します。精算は会社持ちでない場合は別々に払う場合やまとめて割り勘にするなど、その場の状況に応じて対応します。

Dialogue 2 | 次の会話を声に出して読んでみましょう。　🔊 Track16

Ji-hoon is asking about Tong's life.

Tong: No, not lately. I've been a little busy taking care of my daughter.

Ji-hoon: That's right. You have a baby. I'm sure you need a break.

Tong: We all do, right? Why don't you get another beer. **❶I'll get this round.**

Ji-hoon: Thanks, why not? **❷It's Friday!**

Tongからの
アドバイス

海外のハッピーアワーのメニューにはよく well drinks と書いてあります。well はバーテンダーの手が簡単に届くバーの後ろにあるカウンター部分を指し、ここに常備しているノーブランドの蒸留酒をジュースやソーダで割ったものを指します。ジントニックやウォッカソーダなどは well drink の代表的な飲み物で、私もよく頼んでいます。

和訳

ジフンはトングの生活について尋ねています。

トング： いえ、最近は行ってません。娘の世話でちょっと忙しくて。

ジフン： そうでした、赤ちゃんがいるんですよね。息抜きも必要でしょう。

トング： 皆そうですよ。ビールをもう一杯どうですか？ **今回は私がおごります。**

ジフン： ありがとうございます。ぜひ。**今日は金曜日ですからね!**

❶
I'll get this round.
今回は私がおごります

バーでは順番におごり合うこともあり、I'll get this one. や This round is on me. といった言い方もします。a round には「一人 1 杯ずつ」という意味があります。

❷
It's Friday!
金曜日だ!

金曜日を喜ぶ表現は色々とあり、Thank God it's Friday!（または略して TGIF）「やっと金曜日だね」は学生、社会人を問わず使います。また Happy Friday!「うれしい金曜日!」は簡単で覚えやすい表現です。

Unit
08

Unit 09
初級

Expressing Condolences

お悔やみを述べる

Junko   Ji-hoon

Goal ⇢ 身内を亡くした同僚にかけるお悔やみの言葉を学びます

日本ではお盆に墓参りをする習慣がありますが、アメリカでは Memorial Day（5月の最終月曜日）がそれにあたります。「戦没者追悼記念日」とも呼ばれる祝日ですが、今では一般の人も親族や友人の墓参りをする日となっています。この日はあちらこちらの墓がきれいな花で飾られます。

Dialogue 1 | 次の会話を声に出して読んでみましょう。 🔊 Track17

It's Ji-hoon's first day back at work after his father passed away.

Junko: Hi, Ji-hoon. **❶It's really good to have you back.**

Ji-hoon: Hi, Junko. It's nice to see you.

Junko: **❷I'm really sorry to hear about your father.** How are you feeling today?

Ji-hoon: I'm doing alright. I'm just a little tired from flying. Thanks for asking.

❶ It's really good to have you back.

あなたが（仕事に）戻ってきて
本当に良かったです

忌引き明けで出勤してくる同僚に対する挨拶表現です。I'm glad you're back. や It's good to see you. なども簡単ですが、同じ意味合いで使えます。

❷ I'm really sorry to hear about your father.

お父様のこと（を聞き）残念に思います

あまり形式張らない最もシンプルなお悔やみの言葉です。My deepest sympathies/condolences go out to you and your family.「あなたとあなたのご家族の皆様に心から哀悼の意を表します」というフォーマルな表現もあり、これはお悔やみをメールで伝える場合などに役立ちます。

和訳

お父さんが亡くなってから、ジフンが初めて出社します。

順子： ハイ、ジフン。**戻ってきて本当に良かった。**

ジフン： ハイ、順子。会えてうれしいです。

順子： **お父様のこと、本当に残念です。**今日の調子はどう?

ジフン： 大丈夫です。飛行機のせいでちょっと疲れてるだけで。お気遣いありがとうございます。

CULTURAL TIP

Unit 09

アメリカの忌引き休暇の日数は住んでいる州や勤める会社によっても異なりますが、3日から5日くらいが平均とされています。亡くなった近親者が違う州や国に住んでいた場合は、移動の時間を考慮し、もう少し日数が増えます。新型コロナの大流行をきっかけに、もう少し温情ある制度の必要性がささやかれています。

Dialogue 2 | 次の会話を声に出して読んでみましょう。　🔊 Track18

Junko wants to make sure Ji-hoon is doing okay.

Junko: Is there anything I can do?

Ji-hoon: Well, you can ❶**brief me on** what I've missed.

Junko: Sure, but we haven't made much progress. We're about to exchange some ideas on new features this afternoon.

Ji-hoon: That's perfect. I'll go over some current features to prepare for that.

Junko: Great, but ❷**go easy on yourself**, okay?

Junkoからの
アドバイス

忌引き明けで出勤してきた同僚に、どう声をかけるか悩むものは海外でも同じです。あまり関わりがない同僚などはお悔やみの言葉をメールで送ることもできますが、親しい同僚にはやはり直接声をかけてあげると相手も安心すると思います。仲の良さにもよるけど、相手を励ます意味で Can I give you a hug?「ハグしてもいい?」もよく聞く表現です。

順子はジフンが大丈夫か気にかけます。

順子: 私にできることはある?

ジフン: うーん、そうですね。僕がいない間にあったこと**を簡単に説明してもらえますか。**

順子: もちろん。でもそんなに進展はないの。今日の午後、(ゲームの)新しい機能について意見交換をするところ。

ジフン: それはよかった。ではその準備のために、現在の機能をいくつか見直しておきます。

順子: いいわね。でも**無理はしないでね。**

今日から使おう
この表現!

∨

❶

brief someone on ...

〜について (人) に簡単に
説明する

brief someone on ...で「〜について (人) に簡単に説明する」という意味 が あります。 Can you give a brief description?「簡単な説明をしてください」 のように形容詞のbrief「手短な、大まかな」も一緒に覚えると語彙力アップにつながります。

- - - - - - - - - - - - - - - - - - -

❷

Go easy on yourself.

自分に優しくしてください
無理はしないでください

家族との死別など辛い経験をした人に対するねぎらいの言葉です。またこの表現は「自分に厳しくならないように」という意味もあるため、考えすぎや働きすぎの人に対して「もっと気楽にいきましょう」 というアドバイスとしても使われます。

Unit
09

Talking about Summer Vacations

Sandy　　Keisuke

夏の休暇について話す

Goal ⤳ 夏の休暇について話す時に役立つ表現を学びます

欧米の企業では7月から8月にかけて比較的長い休暇を取る社員が多いため、夏休みの予定が話題に上がることがよくあります。こういった場面ではカジュアルな口語表現が役に立ちます。

Dialogue 1 │ 次の会話を声に出して読んでみましょう。　🔊 Track19

Keisuke and Sandy are talking about their plans for the summer.

Keisuke: Hi, Sandy. Is it true that you're going to Hawaii for a vacation?

Sandy: Yes, I am! I didn't go anywhere for over three years because of the pandemic. ❶**We all deserve a nice vacation!**

Keisuke: Very true. Plus, ❷**you can't go wrong with Hawaii.** What island are you going to?

Sandy: Oahu. My parents are joining us from Seattle, too.

今日から使おう
この表現!

❶ We all deserve a nice vacation.

素敵な休暇を取ってもいいはずです

deserve「(~を) 受けるに値する」の意味だけをみると硬い印象を受けますが、実際はカジュアルな場面でよく耳にします。夏の休暇に関しては I/You earned it!「私／あなたが (その休暇を) (仕事を頑張った報酬として) 得たのです」といった言い方もします。

❷ You can't go wrong with Hawaii.

ハワイを選べばまず間違いはありません

「これを選べばまず失敗することはない」という状況で使う表現です。If you want a beach vacation, you can't go wrong with Hawaii.「ビーチでの休暇を希望ならハワイを選べば間違いない」のように前後に「~なら」という条件を加えて使うこともできます。

和訳

啓介とサンディーが夏の計画について話しています。

啓介: ハイ、サンディー。休暇でハワイに行くっていうのは本当ですか?

サンディー: そうなの! 新型コロナのせいで3年以上どこにも行かなかったんだもん。**皆素敵な休暇を取ってもいいはずでしょ。**

啓介: 全くです。それに**ハワイなら間違いがない**ですからね。どの島に行くんですか?

サンディー: オアフ。私の両親もシアトルから合流する予定なの。

CULTURAL TIP

Unit 10

日本では長期休暇を取る文化が浸透していませんが、サンフランシスコ・ベイエリアでは雇用主がギフトカードや現金などのインセンティブ (報奨) を設けて長期休暇の取得を促進する企業もあるくらいです。これは休むことも生産性向上につながるという考えがあるからです。このため多くの従業員が抵抗感なく有給休暇を取得し、互いに You deserve it!「あなたは休暇を取って当然です!」と声をかけ合うのです。

You deserve it!

Dialogue 2 ｜ 次の会話を声に出して読んでみましょう。　🔊 Track20

Keisuke recommends hiking in Hawaii.

Keisuke: That's a great plan. Your parents must be happy to see your daughters.

Sandy: Oh, definitely. My parents will have a chance to see their grandkids, and we can have our beach vacation!

Keisuke: You should ❶**check out** some of the hiking trails there. I enjoyed it a lot.

Sandy: I'm not sure if I'm going to do much. I'm ready to just ❷**kick back** and relax on the beach.

Sandyからの
アドバイス

今回の旅行は、両親とも会いビーチ休暇も楽しむという一石二鳥の旅行なの。だから、私のセリフ Oh, definitely. 「もちろん、その通りです」を We're killing two birds with one stone on this vacation. 「この旅行は一石二鳥なんです」といった表現で置き換えることもできるわ。日本語でも同じ表現があるけど、英語の成句を訳したものといわれています。

和訳

啓介はハワイでのハイキングを勧めます。

啓介: それはいい計画ですね。ご両親は（サンディーの）娘さんたちに会えるのを、喜んでることでしょうね。

サンディー: ええ、それはもう。両親は孫に会えるし、私たちはビーチでの休暇を過ごせるのよ。

啓介: **ハイキングコースに行ってみてください。**すごく楽しかったですよ。

サンディー: 大したことはしないつもり。ビーチでただ**のんびりとくつろぎたい**だけなの。

今日から使おう
この表現!

❶
check out ...

〜を訪れる・見てみる

try/experience「体験する」や look around「見て回る」などが似た意味として挙げられます。また「それを好きかどうか確認してみてください」という意味合いが含まれています。

----

❷
kick back

ゆっくりする、休息する

relaxとよく組み合わせて使われる表現で、unwind「くつろぐ」と同じ意味です。kickbackと1語になると「リベート、口利き料」という全く違う意味の名詞になります。

Unit
10

ＬとＲの発音に執着しない

米国の大学の授業は、ディスカッションはもちろんのこ
と、プレゼンもカジュアルなものから形式張ったもの
まで頻繁に行なわれるなど、何かと人前で話す機会が多いの
が特徴です。そのため私が教える英語のクラスでもさまざま
な課題を通して人前で話すことを練習しますが、日本人の生
徒からはＬとＲの発音矯正をしてほしいというリクエスト
がかなりありました。

　もちろん、きれいな発音で英語を話せればそれに越したこ
とはありません。しかし「世界英語」は「皆の共通語」であり、
最大の目的は違う言語を話す人たちとつながることです。英
語学会では、この共通語としての英語を lingua franca と呼
びます。これは元々は中世の地中海沿岸で異なる母語を話す
人々が交易の際に使った共通語を指す言葉で、イタリア語、
フランス語、スペイン語、ギリシャ語、アラビア語などが混
ざったものだったそうです。現代では英語がまさしくその共
通語になったのですが、意思疎通さえできればいいと思えば、
ＬとＲの発音がうまくなくても全体の意味を伝えるのに問題
はありません。

その例として、一度音声でトリシャの発音を聞いてみてください。インド人が発音するＲはアメリカ英語のＲより巻舌のため「ラ」より「ル」に近い音で、アメリカ人の発音とは全く違います。最近は米国企業の多くがコールセンターをインドに設置しているため、私も電話越しにインド人の英語に触れる機会がよくありますが、皆、癖のある英語で堂々と対応しています。

　そう言われてもやっぱり堂々と英語を話す自信がないという人は、発音ではなく声のボリュームにこだわってみてください。私がプレゼンを課題に出す時に必ず教えるスキルの一つに Public Voice というものがあります。これは友人などと話す時に使う normal voice「普通の声」に対して「公の場で使う声」という意味合いで私が授業で使っている用語で、この二つは音量が違うのがポイントです。私はラジオアナウンサーや講師などの職業柄、聞きやすい話し方を常に意識しなければなりませんでしたが、生徒にも私が教室で使う声と同じ大きさで英語を話すように伝えています。最初は気恥ずかしいと思いますが、自宅の鏡の前で練習を重ねることでボソボソした話し方がハキハキした話し方に変わります。「伝えたいことを大きな声で言う」。英語のコミュニケーション力も実は簡単なことの積み重ねなのです。

Team Outing
チームでの外出

Alex   Tong

Goal ↝ チームで外出することの意味を考え、
それにまつわる表現を学びます

外資系の IT 企業では国籍、年齢、性別、価値観など多様なバックグラウン
ドを持つ人が働いています。そのためお互いの違いを理解し、尊重しながら
働くことがチームワークの土台となります。社内交流イベントはお互いのことを
よく知り合う絶好の機会です。

Dialogue 1 | 次の会話を声に出して読んでみましょう。 🔊 Track21

Alex's team is at a bowling alley.

Ji-hoon: Another gutter? I thought you knew how to bowl, Alex?

Alex: Leave me alone! I only said I used to go bowling.

Tong: (laughing) I never thought I'd see you **❶lose your cool** over bowling.

Junko: **❷You're kidding!** Haven't you seen him act like a grumpy old man in the office?

今日から使おう この表現!

❶

lose one's cool

冷静さを失う
取り乱す

lose one's cool の形で、落ち着きを失くした様子を表します。状況によっては「カッとなる」という意味にもなります。Never lose your cool.「どんな時も慌てない」や Don't lose your cool.「カッとしないで」のように助言としても使われます。

❷

You're kidding!

冗談でしょう!

「あなたはからかっている!」が転じて「冗談でしょう!」「嘘でしょう!」という意味になっています。You're kidding me. や You're kidding, right? とも言います。

和訳

アレックスのチームはボウリング場にいます。

ジフン： またガター？　アレックス、君はボウリングのやり方を知ってると思ってたのに。

アレックス： ほっといてくれ!　ボウリングに通ってたことがあるって言っただけだよ。

トング： （笑いながら）あなたがボウリングで**冷静さを失う**ところを見るとは思ってもみませんでしたよ。

順子： **冗談ですよね?**　会社で彼が不機嫌なおじいさんのように振る舞っているのを見たことないんですか?

Alexからの
アドバイス

業務から離れてチームで遊びに出かける際には、Just for fun!「楽しむだけ」や No strings attached.「特別な条件や責任はなし」といった表現がよく使われるよ。互いに職場では見られない一面を見ることで人間関係が楽になることもあるんだ。

Dialogue 2 | 次の会話を声に出して読んでみましょう。　🔊) Track22

Ji-hoon is wondering what the team is going to do next.

Ji-hoon: We've been bowling for over two hours. Should we **❶wrap it up**?

Junko: Yeah, we know who the winner is. We can go eat soon.

Alex: Just **❷hold your horses**. We're not done here!

Tong: (laughter) Apparently, you think you can still beat me!

CULTURAL TIP

チームで遊びに出かける場所は皆で楽しめれば何でもありで、映画、ゴーカート、プロスポーツ観戦、ボートツアーなどはサンフランシスコ・ベイエリアで人気があります。

和訳

ジフンは、ボウリングのあとにチームで
何をするのか気になっています。

ジフン： もう2時間以上ボウリングを
やってますよ。**そろそろ切り
上げ**ましょうか？

順子： そうね、誰が優勝かわかって
るし。もう食事に行きましょ。

アレックス：**ちょっと待って**ってば。まだ
ゲームは終わってないよ！

トング： （笑い声）どうやら、まだ私
に勝てると思ってるみたいで
すね！

今日から使おう
この表現！

wrap it up

終わりにする
切り上げる

何かを終わらせたい時に便利な表現
です。ここでは冗談ぽく使われていま
すが、会議の終わりや退社時間前に
Let's wrap this up.「これで終わり
にしましょう」のように使うこともよくあ
ります。

Hold your horses.

ちょっと待って

直訳「馬をおさえて」が「待って」「急
がないで」という意味になった慣用句
です。結論を急ぐ人に対して Hold
your horses. Let's think about
this first.「落ち着いて。まずはよく
考えましょう」という使い方もします。

Unit
11

Unit 12

初級

Business Trip Abroad

海外出張

Sandy   Keisuke

Goal ⇢ 海外出張における注意点を理解します

初めての海外出張は不安がつきものです。多くの人がまず現地の人としっかり話ができるのかという心配をすると思いますが、海外出張では日本とは違う治安事情を理解し、危険を回避する対策をとることが非常に重要です。

Dialogue 1 | 次の会話を声に出して読んでみましょう。 🔊 Track23

Sandy and Keisuke are talking about his first business trip abroad.

Sandy: Hi, Keisuke. I heard you're going to the Game Developers Conference in San Francisco with Nicky this year.

Keisuke: Yes. This is my first time going to a big city in the U.S. ❶**Anything I should be aware of?**

Sandy: Well, I hear crime rates are up everywhere, so just be aware of your surroundings at all times. ❷**You can't be too careful.**

Keisuke: You have a point. We never have to worry about safety in Tokyo.

❶ Anything I should be aware of?

何か認識しておくべきことはありますか?

アドバイスを求める際に使う表現です。Anything I should know?「何か知っておくべきことはありますか?」と、必要な情報を聞くこともできます。

❷ You can't be too careful.

用心することに越したことはありません

取る必要のないリスクは取らない方がいいという意味です。あまり用心しなくてもよさそうな状況でも「一応気をつけたほうがいいよ」と助言する時に使います。

和訳

啓介は初めての海外出張について、サンディーと話しています。

サンディー: ハイ、啓介。サンフランシスコで行なわれるゲーム開発者会議にニッキーと今年一緒に行くそうね。

啓介: はい。アメリカの大都市に行くのは初めてなんです。**何か認識しておくべきことはありますか?**

サンディー: そうね、どこも犯罪率が上がってるって聞くから、身の周りには常に気をつけて。**用心するに越したことはないわ。**

啓介: おっしゃる通りです。東京では治安を気にする必要がありませんからね。

CULTURAL TIP

日本では財布を落としても中身もそのままで落とし主に返ってくることがよくありますが、アメリカではまずありえません。サンフランシスコでは特に car break-ins「車上荒らし」は日常茶飯事で、レンタカーもその標的になります。海外では貴重品の管理に常に気をつけなければいけません。

Dialogue 2 ｜ 次の会話を声に出して読んでみましょう。　🔊 Track24

Sandy and Keisuke are talking about the conference.

Sandy: Exactly. I know you will be fine. Are you interested in seeing a particular game demo?

Keisuke: Yep, I have a few in mind. ❶**I want to get the most out of this conference.**

Sandy: I'm sure you'll come back with all the information on the latest game industry trends.

Keisuke: I hope so. I'm also interested in discovering ❷**up-and-coming** game companies.

Keisuke からの
アドバイス

海外出張を成功させるには出張の目的を明確にしておくことが大切です。僕の仕事はゲームの需要やゲーム業界の動向を分析することなので、そういった情報を入手することが今回の出張における最大の目的です。

和訳

サンディーと啓介はゲーム開発者会議について話しています。

サンディー: 全くだわ。きっと大丈夫よ。（会議では）特に見たいゲームのデモがあるの？

啓介: はい、いくつかあります。**この会議を最大限に活用したいんで。**

サンディー: ゲーム業界の最新トレンドに関する、あらゆる情報を入手して帰ってこられるわね。

啓介: そう願います。それに**将来有望な**ゲーム会社を見つけることにも関心があります。

❶

I want to get the most out of this conference.

この会議（の機会）を最大限に活用したいんです

get the most out of something という形で使います。I want to get the most out of my vacation. 「休暇を最大限に楽しみたい」のように、何かを最大限に「楽しむ」といった意味でも使われます。

❷

up-and-coming

将来有望な

up「上に向かう」と coming「来るべき」から想像しやすいですが、成功の見込みがあることを意味します。up-and-coming actor「新進気鋭の俳優」や up-and-coming neighborhood「新興地域」のように、さまざまな名詞と一緒に使うことができます。

Unit
12

Asking for Hotel Recommendations

Keisuke   Nicky

お薦めのホテルを聞く

Goal ⤳ アメリカにおける宿泊施設の事情を把握します

アメリカでは民泊が浸透していて、Airbnb を筆頭にいくつもの民泊仲介サービスが存在します。民泊物件には高速 Wi-Fi が使えて広い作業スペースがある物件も多いので、出張の期間や内容に合わせて普通のホテルと使い分けるのもいいでしょう。

Dialogue 1 | 次の会話を声に出して読んでみましょう。 🔊 Track25

Keisuke is asking Nicky about lodging choices for their upcoming business trip.

Keisuke: Hi Nicky, have you **❶booked** a place to stay in San Francisco?

Nicky: Not yet, but I'm thinking about **❷staying at an Airbnb**.

Keisuke: I see. I heard you get more space for your money, right?

Nicky: Generally yes, but it depends on the listing.

❶ book

予約する

bookには動詞の用法もあり reserve「予約する」と同じ意味になります。どちらの単語も使いますが、日常会話では bookの方をよく耳にします。I booked a table for four at 5 p.m.「午後5時に4人分のテーブルを予約をしました」のように、レストランの予約でもよく使われます。

❷ stay at an Airbnb

エアビーアンドビーに泊まる

アメリカでは Airbnbが広く普及していることもあり、at an Airbnbで「エアビーアンドビーの物件に」という意味として使われます。Airbnbの後ろにくる listingが省略されています。

和訳

啓介は出張先の宿選びについてニッキーに尋ねています。

啓介: ハイ、ニッキー。サンフランシスコでの宿泊先は**予約しましたか**?

ニッキー: ううん、まだ。でも**エアビーアンドビーに泊ま**ろうと思ってるの。

啓介: そうですか。(エアビーアンドビーは) 値段の割に部屋が広いんですよね?

ニッキー: 大抵はそうだけど、リスティング*によるわね。

*Airbnb のウェブサイトに掲載されている宿泊施設・物件のこと

Nickyからの
アドバイス

民泊利用のデメリットに、物件がウェブサイトに掲載されている写真と実物で異なる、または物件のオーナーが直前に予約を取り消す、などのリスクがあります。民泊仲介サービスを利用する際はキャンセル規定をきちんと読んで、利用者の口コミに気がかりな点がないか確認してから予約するのを忘れないようにね。

Dialogue 2 | 次の会話を声に出して読んでみましょう。　🔊 Track26

Keisuke is thinking about staying at a hotel in the downtown area.

Keisuke: Do you think any downtown hotel will work?

Nicky: I think so as long as it's close enough to the conference venue. There was a Hilton or a Marriott nearby when ❶**I did a quick search.**

Keisuke: That's good to know.

Nicky: You can always choose a smaller ❷**boutique hotel** if you want to stay somewhere with more character.

CULTURAL TIP

日本では清潔で便利な立地にあるビジネスホテルチェーンが多数ありますが、アメリカではそのようなビジネスホテルが少ないため、米国内のビジネスパーソンは大抵ヒルトンやマリオットなどの大手一流ホテル（その系列ホテルを含む）に宿泊します。快適に仕事をこなすためにも海外出張の際はその国のホテル事情を事前に調べることが大切です。

和訳

啓介は中心街のホテルに泊まることを考えています。

啓介: 中心街にあるどのホテルでもいいと思いますか?

ニッキー: 会議場に近ければいいんじゃないかしら。**ちょっとネットで調べ**たら、あの辺りにヒルトンとマリオットがあったわよ。

啓介: それはいい情報ですね。

ニッキー: もっと特徴のあるホテルに泊まりたければ、小規模の**ブティックホテル**を選ぶのもいいわよ。

❶
I did a quick search.

インターネットで素早く検索しました

do a quick searchという形で「インターネットでざっと検索する」ことを意味します。またI googled it.「ググった」も「グーグルで何かを検索した」という意味で使う表現です。

❷
boutique hotel

ブティックホテル

10から100室くらいまでの小さめのホテルで、部屋のデザインが個性的でグルメな朝食が出るところもあります。大手ホテルチェーンでは味わえない、独特な宿泊体験ができるのが特徴です。

Unit
13

Unit 14
初級

Ordering Food
料理を注文する

Nicky   Server

Goal ⤳ 英語圏のレストランで注文ができるようにします

米国の大都市での外食はかなりお金がかかります。例えばサンフランシスコの中心街ではメインディッシュだけで最低でも 15 ドルし、お酒やデザートも頼むと、消費税とチップを含めて 50 ドルはゆうにかかります。海外出張の際、食事代が経費として認められない場合は要注意です。

| Dialogue 1 | 次の会話を声に出して読んでみましょう。 🔊 Track27 |

Keisuke and Nicky are having dinner at a local restaurant.

Server: ❶**Are you ready to order?**

Nicky: I can't make up my mind. You can go ahead, Keisuke.

Keisuke: Okay, ❷**I'll have the veggie burger with fries**.

Server: What kind of cheese would you like with your hamburger?

Keisuke: Cheddar please.

❶ Are you ready to order?

ご注文はお決まりですか?

Can I take your order?「ご注文をお伺いします」という表現もあります。まだ注文が決まっていない場合は Could you give us a few more minutes?「あと数分時間をいただけますか?」や I need a few more minutes to decide.「決めるのにあと数分必要です」と答えましょう。

❷ I'll have the veggie burger with fries.

ベジーバーガーとフライドポテトをください

I'll have ... は食べ物を注文する時に使う一番スタンダードな表現です。また、have の代わりに I'll take ... という言い方もします。veggie burger は原材料に肉を使用していないハンバーガーのことです。

和訳

サンフランシスコに出張中の啓介とニッキーは、地元のレストランで夕食を取っています。

給仕係:　ご注文はお決まりですか?

ニッキー：迷うわ。啓介、お先にどうぞ。

啓介：　　わかりました。**僕はベジーバーガーとフライドポテトをください。**

給仕係：　ハンバーガーのチーズの種類は何にしますか?

啓介：　　チェダーをお願いします。

CULTURAL TIP

以前は給仕係のことを男性は waiter、女性は waitress と呼んでいましたが、今はどの職業でも男女で区別しない中立な呼び方が一般的になっています。給仕係は server と呼ぶようにしましょう。

Unit
14

Dialogue 2 ｜ 次の会話を声に出して読んでみましょう。　🔊 Track28

Nicky is ready to order her food now.

Nicky: I think I'll take the pan-seared black bass on ❶**today's special.**

Server: That's a wonderful choice. ❷**What would you like to drink?**

Nicky: I'll have a glass of house white wine.

Keisuke: Just water for me please. Thank you.

Server: Okay, I'll be back with your drinks.

Nickyからの
アドバイス

pan-seared の pan はフライパンのことで、seared は「表面を焼いた」という意味です。ただし seared tuna「まぐろのたたき」のように seared だけだと「たたき」の意味となり、違う料理になるので注意しましょう。他の調理方法として broiled salmon「サーモンの炙り焼き」や grilled beef「牛肉の網焼き」なども、よくアメリカのメニューで見かけます。

和訳

ニッキーも注文が決まりました。

ニッキー： 私は、**本日のお薦め**にあるブ
ラックバスのフライパン焼きを
ください。

給仕係： いい選択ですね。**飲み物は何
にしますか?**

ニッキー： 私は白のハウスワインをグラス
で。

啓介： 僕は水でいいです。お願いし
ます。

給仕係： わかりました。飲み物をお持
ちします。

❶

today's special

本日のお薦め料理

給仕係に Would you like to know
our daily specials? 「日替わり特
別メニューについての説明はいかが
でしょうか?」と聞かれることがあり
ます。口頭でのメニューの説明は速
くて想像以上に聞き取るのが難しい
ので、わからない時は遠慮なく質問
しましょう。

❷

What would you like to drink?

飲み物は何にしますか?

食べ物を注文したあとは、Do you
want something to drink with
that? 「一緒に飲み物はいかがです
か?」と聞かれることもあります。ま
た飲み物の注文を先に聞きにくること
もあり、その場合は Can I start
you off with any drinks? 「始め
に何か飲み物はいかかですか?」と
いう表現が使われます。

Unit 15
初級

Using Lyft
配車サービス「リフト」を使う

Nicky   Lyft Driver

Goal ⇢ アメリカの配車サービスに関する知識を身につけます

一般の人が自家用車でタクシーのように目的地まで運転してくれる有料サービスを、スマホのアプリから依頼できる配車サービス。アメリカでは Lyft や Uber が有名で、西海岸の都市での短距離移動手段としてはタクシーよりも人気です。

Dialogue 1 | 次の会話を声に出して読んでみましょう。 🔊 Track29

Nicky is taking a Lyft ride to the Game Developer's Conference at Moscone Center.

Lyft Driver: Hello. Are you Nicky Greene? **❶Going to the Moscone Center?**

Nicky: Yes, that's correct. How's it going?

Lyft Driver: Good. How are you?

Nicky: **❷I'm in a bit of a rush.** Other than that I'm good.

今日から使おう
この表現!

❶ Going to the Moscone Center?

モスコーニ・センターに行くんですよね

日本とは違い運転手は、タクシーでも配車サービスでも基本的にくだけた調子で話をします。このため文法的には疑問文ではない質問であったり、不完全な文なども多く使われます。Moscone Center?のように単に目的地の名称だけを言う場合もあります。

❷ I'm in a bit of a rush.

少し急いでいます

(be) in a rush「急いでいる」と、a bit of「少し(ばかり)」を合わせた表現です。I'm in kind of a rush.「ちょっと急いでいる」も同じように使うことができます。

和訳

ニッキーは、モスコーニ・センターで行なわれるゲーム開発者会議に向かうために配車サービスを利用します。

運転手: こんにちは。ニッキー・グリーンさん? **モスコーニ・センターへ行くんですよね。**

ニッキー: はい、そうです。調子はどうですか?

運転手: いいですよ。あなたは?

ニッキー: **ちょっと急いでいます。** それ以外は大丈夫です。

Unit 15

CULTURAL TIP

Uberは日本でも名前が知られていますが、アメリカではLyftも同じくらい有名で、両方の配車サービスを使い分けている人もいます。料金が多少安いこともあり、私はよくLyftを利用しています。アプリで目的地を設定した時点で料金もあらかじめわかるので、ぼったくりの被害も避けられ非常に便利です。なお、日本では法規制により一部地域をのぞき、配車アプリで呼べるのは正規のタクシーに限られています。

Dialogue 2 | 次の会話を声に出して読んでみましょう。　🔊 Track30

The Lyft driver is talking about traffic in the downtown area.

Lyft Driver: The roads might be congested around the Moscone Center, but **❶it shouldn't take long**.

Nicky: Okay. If you like, **❷you can drop me off somewhere nearby**.

Lyft Driver: We'll see when we get there.

Nicky: Okay, thank you.

Lyft Driverからのアドバイス

ほとんどの運転手が乗客の名前は確認しますが、必要な情報はアプリにあるため最低限の会話で終わります。雑談は乗客次第で、挨拶のあとに話題を振らない限り運転手も特に話しかけません。これは無愛想な対応をしているわけではなく、乗客の好みを尊重しているだけです。乗車後はアプリでチップを渡すことも忘れずに。

和訳

運転手が、中心街エリアの交通状況について話しています。

運転手: モスコーニ・センターの辺りは道が混んでるかもしれませんが、**そんなに時間はかからないはずです。**

ニッキー: わかりました。もしよければ、**どこか近くで降ろしてもらってもかまいません。**

運転手: 目的地付近で様子を見てみましょう。

ニッキー: はい、よろしくお願いします。

It shouldn't take long.

そんなに(時間は)かからないはずです

渋滞などで乗車時間が長くなりそうな時は It might be a while. 「もうしばらくかかるかもしれません」といった表現が使われます。目的地までのおおよその所要時間は、配車アプリで確認できます。

You can drop me off somewhere nearby.

どこか近くで降ろしてもらってかまいません

目的地で停車するのが難しい場合に便利な表現です。目的地に着いてから停車するところが見つからない場合は、You can drop me off here.「ここで降ろしてください」やI'll get off here.「ここで降ります」という表現を使って下車しましょう。

Unit 15

Better Late Than Never
（遅れてもやらないよりはまし）

私は 10 年間東京で働いたのち、33 歳で大学院への進学を決意し渡米しました。当時は NHK でラジオアナウンサーをしていて、フリーランスの教材ライターとしての仕事も増えてきた頃だったので、周りからはもったいないという声の方が多かったのを覚えています。年齢的なことや新しい環境に対する不安もありましたが、いつかアメリカの大学院に行ってみたいという思いがずっとあったので、決意した後の行動は早かったです。

そして実際に大学院に通い始めると 50 代や 60 代の同級生も大勢いて、皆、自分たちの状況を Better late than never.「遅れてもやらないよりはまし」と表現していました。それを聞き私も大学院に行く決断をして良かったと胸を撫で下ろしたものですが、語学学習においても同じことが言えます。「英語を勉強したいけれど今さら始めても」と思っている人は意外に多いと思います。しかし、英語ができることで今後人生がどう変わるかわかりません。20 代であれば念願の外資系企業への転職が叶うかもしれません。また定年退職した人は好きな海外旅行がもっと楽しくなるかもしれません。そんな考え方をすれば英語の学び直しをするのにもモチベーションが上がるのではないでしょうか。

どんな状況であれ行動を取ることを良しとするこの慣用句は、さ
まざまな場面で使うことができます。

例1)
レポートなど何かの提出が遅れた場合
　Better late than never!
　（期限を過ぎてるけど提出しないよりはまし）

例2)
何かに遅れて参加する場合
　Better late than never!
　（来ないよりは遅刻でも来た方がまし）

遅刻してきた友人に皮肉っぽく
　Better late than never, I guess.
　（まあ、すっぽかされるよりいいか）

英語の勉強も、ぜひ Better late than never の精神で続け
て欲しいと思います。

初級練習問題

正しく並べ替え、初級で学んだ表現を完成させましょう。

1. pleasure / a / meet / to / you / It's
（お会いできて光栄です）

_____ .

2. heard / a / things / lot / you / about / I've / of / good
（あなたの良い噂をたくさんお聞きしています）

_____ .

3. a / off / feeling / little/ I'm
（なんか調子が悪いんです）

_____ .

4. I've / dizzy / been / feeling
（めまいがします）

_____ .

5. feeling / I'm / the / under / weather
（体調が良くないんです）

_____ .

6. judgement / use / own / one's
（自ら判断をする）

_____ .

7. as / same / before / the
（以前と同じ）

_____ .

8. you / that / I / can / with / help
（それを手伝えますよ）

_____ .

9. mention / Don't / it
（どういたしまして）

_____ .

10. scratch / back / I'll / my / , and / You / yours / scratch
（持ちつ持たれつ）

_____ .

11. me / you / it / about / tell / Can / more
（そのことについてもっと詳しく教えてください）

_____ ?

12. together / this / We'll / out / figure
（一緒に問題を解決していきましょう）

_____ .

13. Everyone / late / running /is
（皆遅れています）

_____ .

14. to / tell / me / later / it / have / You'll / about / more
（あとでもっと聞かせてください）

_____ .

15. at / birthdays / I'm / remembering / terrible
（私は人の誕生日を覚えるのがひどく苦手なんです）

_____ .

16. on / It's / team / the
（チームのおごりです）

_____ .

17. round / get / I'll / this
（今回は私がおごります）

_____ .

18. It's / back / you / good / to / really / have
（あなたが仕事に戻ってきて本当に良かったです）

_____ .

19. You / Hawaii / can't / wrong / go / with
（ハワイを選べばまず間違いはありません）

_____ .

20. kick / and / relax / back / Let's
（のんびりくつろぎましょう）

_____ .

21. wrap / Let's / up / this
（これで終わりにしましょう）

_____ .

22. your / Hold / horses
（ちょっと待って）

_____ .

23. be / can't / too / careful / You
（用心することに越したことはありません）

_____ .

24. I / a / for / four / booked / table
（4人分のテーブルを予約しました）

_____ .

25. search / a / quick / did / I
（インターネットで素早く検索しました）

_____ .

26. you / Are / order / ready / to
（ご注文はお決まりですか?）

_____ ?

27. What / drink / you / to / would / like /
（飲み物は何にしますか?）

_____ ?

28. in / a / of / rush / bit / I'm / a
（少し急いでいます）

_____ .

29. It / take / long / shouldn't
（そんなに時間はかからないはずです）

_____ .

【中級】

単語のみでなくチャンク（言葉のかたまり）を意識しましょう。
会話が広がります。

Unit 01
中級

New Year's Resolution

Ji-hoon   Junko

新年の抱負

Goal ↝ 年明け最初の会話でよく耳にする表現を学びます

新年を迎えるにあたり新しい目標を立てる人は多いと思いますが、約8割の人が2月にはその新年の抱負を諦めているという統計があるそうです。年明けはアメリカの職場でも個人的な新年の目標がよく話題になります。

Dialogue 1 | 次の会話を声に出して読んでみましょう。 🔊 Track31

Junko and Ji-hoong are back to work after the New Year's holiday.

Ji-hoon: I can't believe how fast the holidays went by.

Junko: Yes, **❶just like that**, we're back to work. So did you do anything special for New Year's?

Ji-hoon: No, I was pretty much a **❷couch potato** the whole time. How about you?

Junko: Very uneventful, but I did make a New Year's resolution this year.

Ji-hoon: Don't tell me you're going on a diet.

Junko: No, my goal is to drink more water every day.

❶ just like that

あっという間に
急に

何かがあっという間に起きた際に使う口語
表現です。He quit, just like that. 「彼
は急に（仕事を）辞めた」のように、出来事
の後ろに置くこともできます。

❷ couch potato

1日中ソファでごろごろしている人

1970年代から存在する表現で、ソファに
座ってテレビ鑑賞をするジャガイモの漫画が
きっかけで広く使われるようになったといわ
れています。lazy や inactive「怠惰な」
という意味を含みます。

Unit
01

和訳

正月休みが明けて順子とジフンが出社しまし
た。

ジフン：もう休みが終わったなんて信じられ
　　　　ないです。

順子：　ええ、**あっという間に**仕事に戻って
　　　　きちゃったわね。それでお正月は何
　　　　か特別なことをしたの？

ジフン：いいえ。ずっと**ソファでごろごろ**して
　　　　ましたよ。順子はどうでしたか？

順子：　何もなかったわ。でも今年は新年の
　　　　抱負を立てたの。

ジフン：ダイエットするなんて言わないでく
　　　　ださいよ。

順子：　違うわよ。私の目標は毎日もっと水
　　　　を飲むこと。

Ji-hoonからの
アドバイス

順子が新年の決意をしたと聞い
て僕は「ダイエットするなんて言
わないで」という冗談で返してい
るけど、「ぜひ聞かせてよ」とい
う意味の I'd love to hear it.
や I'm all ears. という慣用句
で返答することもできるよ。直
訳すると「私は全部が耳です」と
いうこの表現は、「興味津々だ
よ」という意味合いが含まれて
るんだ。

Dialogue 2 | 次の会話を声に出して読んでみましょう。　🔊 Track32

Junko talks about her New Year's resolution.

Junko: I drink more coffee and alcohol than water, so I decided this has to change.

Ji-hoon: (laughing) That's a great ❶**mindset**. I think it's a realistic goal.

Junko: Actually, ❷**it's easier said than done**. I never liked drinking water. I think it would be more achievable to order every drink on the Starbuck's menu!

Ji-hoon: (laughing) Maybe you should make both of them your New Year's resolutions. You might discover some awesome drink at Starbucks this year.

CULTURAL TIP

アメリカではダイエットや減量などが人気のある新年の抱負ですが、それ以外にも get in shape「体を鍛える」や spend less and save more「お金を使わず貯金をする」など、健康やお金に関する目標が多いそうです。その一方で「ジムの会員にはならない」や「映画鑑賞を毎週する」などユニークな新年の抱負を立てる人もいます。

順子は新年の抱負について話します。

順子：　私は水よりもコーヒーやお酒を
飲むから、この習慣を変えるこ
とにしたの。

ジフン：（笑いながら）それは素晴らしい
考え方ですね。現実的な目標だ
と思います。

順子：　実際には**口で言うほど簡単じゃ
ないの**。私は元々水を飲むのが
好きじゃなかったから。スター
バックスのメニューにある飲み物
を全部頼む方が達成可能なん
じゃないかな。

ジフン：（笑いながら）両方とも新年の抱
負にしたらいいんじゃないです
か？　今年はスタバで最高の飲
み物が見つかるかもしれません
よ。

今日から使おう
この表現!

❶

mindset

ものの見方
発想

ビジネスでは You have the right
mindset for the project.「あな
たはプロジェクトに合った考え方が
できている」のように、right と一緒
によく使われます。

---

❷

It's easier said than done.

口で言うほど簡単ではありません

「言うだけなら簡単だけど、それを実
行するのはなかなか難しい」という意
味で使います。Being honest is
easier said than done.「正直で
いるのは口で言うほど簡単ではない」
のように、慣用句の前に実行するの
が難しいことを置くこともできます。

Unit
01

Unit 02
中級

Hybrid Work
ハイブリッドワーク

Wendy   Tong

Goal ↦ さまざまな勤務形態を理解し、それにまつわる表現を学びます

新型コロナの感染拡大を機に在宅勤務が急速に広まりましたが、自宅では集中できない、労働意欲が維持できないなど、解決の難しい課題があることも事実です。サンフランシスコ・ベイエリアの一部の IT 企業では在宅と出社を併せたハイブリッドワークの導入が進んでいます。

Dialogue 1 | 次の会話を声に出して読んでみましょう。 🔊 Track33

Wendy and Tong are conversing at the office during the first week of hybrid work.

Wendy: Good morning, Tong. How's your first week of hybrid work?

Tong: Hi, Wendy. It's fine. Three days in the office has always been my **❶sweet spot**, so I don't mind this at all.

Wendy: It wasn't a big deal for those of us who were already coming into the office a few times a week, but most people are not happy that it's a **❷mandate** now.

Tong: Well, a lot of people got comfortable working from home.

❶ sweet spot
一番いい状況

直訳すると「甘い場所」という意味のくだけた表現で、ここでは一番いい勤務体系を指しています。Eight days is the sweet spot for a vacation.「8日間が理想的な休暇日数です」のように、spotは会話によってさまざまな意味を持つので文脈に注意が必要です。

❷ mandate
命令
義務

orderと同意ですが、より硬いイメージのある表現です。The government mandated mask-wearing.「政府はマスクの着用を義務付けました」のように、動詞としてもよく耳にします。

和訳

ハイブリッドワークが導入された最初の週に、ウェンディーとトングがオフィスで話をしています。

ウェンディー: おはよう、トング。ハイブリッドワーク最初の週はどう?

トング: ハイ、ウェンディー。大丈夫ですよ。週3日出社は元々私には**一番いい勤務状況**なので、全く気になりません。

ウェンディー: 既に週に何日か出社していた人たちには大したことはないけど、今ではハイブリッドワークが**義務**になったことにほとんどの人が不満なのよね。

トング: そうですね、多くの人が在宅勤務に慣れてしまいましたからね。

Wendyからの
アドバイス

How's your day going?「今日はどう?」や How's your week going?「今週はどう?」は社内で会話を切り出す表現の典型的な例よ。あと How's the day treating you?と聞く人もいるけど、「今日の調子はどう?」という意味合いだから、答え方を特に変える必要はないわ。

Dialogue 2 | 次の会話を声に出して読んでみましょう。　◀)) Track34

Wendy shares some of the problems she saw with remote work.

Wendy: Too comfortable in my opinion. I think we were experiencing multiple issues with remote work.

Tong: Well, who can stay focused and motivated all day working by yourself at home?

Wendy: Yes, it's easy to get distracted or ❶**feel burned out** working from home, which is why I think the new work model ❷**strikes the right balance**.

Tong: I agree with you. Hopefully everyone else will see it the same way.

CULTURAL TIP

トングは、在宅勤務から生じた問題は当然の成り行きだと思っていたようです。このように何か悪いことが起こる予感がしていた時は We saw it coming.「こうなることはわかっていた」という慣用句がよく使われます。反対に、順調だと思っていた仕事を突然解雇されるなど思いがけないことが起こった場合は、I didn't see it coming.「こんなことになるとは思ってなかった」と言います。

和訳

ウェンディーは在宅勤務中に感じた問題について話します。

ウェンディー：私が思うには慣れすぎてしまったのよね。皆在宅勤務でいろんな問題を経験したんじゃないかしら。

トング：まあ、家で1日中1人で仕事をしながら、集中してモチベーションを保ち続けることができる人なんていませんよ。

ウェンディー：ええ。家で仕事をしていると気が散ったり、**燃え尽きたと感じ**たりしやすいわよね。だから新しい勤務形態は**ちょうどいいバランスを取っている**と思うの。

トング：同感です。皆同じように考えてくれるといいんですけど。

---

❶
feel burned out

燃え尽きてしまったと感じる
へとへとになる

仕事で疲れ果てた時や、精神的にへとへとに疲れていることを意味し、I'm burned out. のように (be) burned out の形でも使います。Don't burn yourself out.「頑張りすぎないでね」という言い方もよく耳にします。

---

❷
strike the right balance

適正なバランスを取る

ここでの strike は find や achieve などと同じ意味です。Strike the right balance between tradition and technology.「伝統と科学技術のちょうど良いバランスを取る」のように、between を置いて二者のバランスについて話す時にも便利な表現です。

Unit 03
中級

Information Interview

インフォメーション・インタビュー

Junko   Ji-hoon

Goal ⇢ インフォメーション・インタビューを理解し、それにまつわる表現を学びます

information interview とは、志望する企業で働く人と会って情報収集をする面談です。知人を通してつないでもらうこともあれば、自分から直接依頼メールを送ることもできます。企業と直接のつながりができる就職活動の方法といえます。

Dialogue 1 | 次の会話を声に出して読んでみましょう。 🔊 Track35

Junko is asking Ji-hoon to be in the upcoming information interview.

Junko: Hi, Ji-hoon. Can you ❶**spare about an hour** this Tuesday for someone who is coming in for an information interview?

Ji-hoon: Oh, wow. Didn't we just have one last month?

Junko: Yeah, I think a lot of people are setting up information interviews because ❷**the job market is competitive** now.

Ji-hoon: That's true. I guess it is a good networking tool.

今日から使おう
この表現!

 ①

spare about an hour

1時間ほど時間を割く

spare「時間を割く」は Can you spare me some time?「私のために時間を割いてもらえますか?」や Have you got a minute to spare?「ちょっといいですか?」のように、誰かを呼び止めて少し話す際にも使われます。

②

The job market is competitive.

求人市場は競争が激しい

competitive は He is competitive.「彼は競争心が強い」と人にも使います。また We offer competitive pay.「当社は他社に負けない給与を用意しています」という表現は求人広告でよく目にします。後者は「競争力の高い」という意味で使われています。

和訳

順子はジフンに、近々行なわれるインフォメーション・インタビューの対応を頼んでいます。

順子: ハイ、ジフン。今週の火曜日、インフォメーション・インタビューに来る人がいるから**1時間ほど時間を割い**てもらえないかしら。

ジフン: えっ。先月やったばかりですよね?

順子: うん。最近の**求人市場は競争が激し**いから、インフォメーション・インタビューを申し込む人が多いみたい。

ジフン: そうですね。ネットワークを広げるいい手段なんでしょう。

CULTURAL TIP

インフォメーション・インタビューは、業界を問わずさまざまな企業で行なわれています。志望する企業の人と軽く会話をして終わることがほとんどですが、場合によっては夏のインターンにつながることや、さらに希望の職種についている人につなげてもらえる場合もあります。

Unit 03

Dialogue 2 ｜ 次の会話を声に出して読んでみましょう。　🔊 Track36

Junko and Ji-hoon continue their conversation about the information interview.

Junko: I think it's a great way to get **❶firsthand information** about a particular position that you're interested in.

Ji-hoon: That too. Although you have to come prepared to ask the right questions.

Junko: I agree. Some people might **❷go out of their way** to provide another lead if the candidate makes an exceptional impression.

Ji-hoon: Yeah for sure. I wish I had done something like this when I was looking for my first job.

Ji-hoonからの
アドバイス

インフォメーション・インタビューは志望する業界を詳しく知るチャンスだけでなく、その業界や職種が本当に自分に向いているのかを判断する良い機会にもなります。有益な情報を得られるよう、あらかじめいくつかのopen-ended questions「自由回答形式の質問」を準備しておくといいですよ。

順子とジフンはインフォメーション・インタビューについて会話を続けます。

順子： 興味がある職種について**直接情報**を入手するのに、最高の方法だと思うわ。

ジフン： それもありますね。適切な質問をするために準備が必要ですけど。

順子： そうね。入社希望者が優れた印象を残せば、次につながるように**労をとってくれる**人もいるかもしれないし。

ジフン： ええ、確かに。僕も最初の就職活動の時にそうしておけば良かったな。

---

❶
firsthand information
直接入手した情報

firsthandは「じかに」という意味があるため、実体験などに基づく直接的な情報を意味します。人から聞いた情報は There's a lot of secondhand information. 「人づての情報はたくさんある」のように secondhand が使われます。

---

❷
go out of one's way
格別の努力をする
労を取る

慣用句的な表現で「予定していた道をそれてまで〜する」という意味からこのような使い方になっています。Don't go out of your way to do this for me. 「私のために無理をすることないですよ」のように否定形でも使います。

Unit 03

Time Management

時間管理の方法

Sandy   *Keisuke*

Goal ↔ 時間管理にまつわる代表的な表現を学びます

私が大学院に通っていた時は、仕事と学業を両立させている人が多かったことにとても驚きました。そういった人は朝の通勤時間を「読み時間」に充てたり、週末早く起きて勉強したりと、きちんと時間の管理をしているようです。仕事においても時間管理能力を上げることは非常に重要です。

Dialogue 1 | 次の会話を声に出して読んでみましょう。 🔊 Track37

Keisuke is talking to Sandy about an online time management workshop he attended over the weekend.

Sandy: Hi, Keisuke. How was your weekend?

Keisuke: Oh, I attended a time management workshop!

Sandy: Wow, you're very diligent. So what were the **❶takeaways** from the workshop?

Keisuke: Well, for me it's all about **❷keeping myself from getting distracted.**

Sandy: That's true. Now that we work more from home, there are plenty of distractions.

Keisuke: Yes, that's why I've been intentionally coming into the office to work lately.

今日から使おう この表現!

❶ takeaways
重要な情報

main points「重要な点」やkey message「重要なメッセージ」などと同じ意味で、何かを簡潔に伝えたい時に便利な表現です。イギリス英語では「お持ち帰り用の料理」という意味でよく使うので注意が必要です。

❷ keep oneself from getting distracted
気が散らないようにする

keep oneself from ... で「〜してしまわないようにする」という意味があり、keep myself from laughing「おかしさをこらえる」、keep myself from falling asleep「眠気をこらえる」などさまざまな使い方ができます。

和訳

啓介が週末に参加したオンラインの時間管理ワークショップについて、サンディーと話をしています。

サンディー： ハイ、啓介。週末はどうだった？

啓介： ああ、時間管理のワークショップに参加したんですよ。

サンディー： あら、随分と勉強熱心なのね。で、ワークショップではどんな**重要なこと**を学んだの？

啓介： そうですねー、僕にとっては**気が散らないようにする**ことにつきますね。

サンディー： その通りね。今は在宅勤務が増えて、気が散るものがたくさんあるもの。

啓介： はい、だから最近は意識的にオフィスに来て仕事をするようにしてます。

Sandyからのアドバイス

アメリカでは業界や業種を問わず、社会人になってからもスキルを磨きプロフェッショナルとして成長し続けることが求められる傾向があるの。最近はUdemyやLinkedIn Learningなど、ウェブ上でスキルアップを目的としたクラスを受講できる場が増えてきてるから、一度自分に合うサービスを検索してみるのもいいかもしれないわね。

Unit 04

097

Dialogue 2 | 次の会話を声に出して読んでみましょう。　🔊 Track38

Keisuke is sharing some time management strategies that work for him.

Sandy: I know what you mean. I always tell my kids to focus, but I feel like my ❶**attention span** is not that much better than theirs.

Keisuke: I feel the same. Now I just ❷**block out time** on my calendar when I really need to get something done.

Sandy: I try to do the same, but I have meetings I just can't get out of.

Keisuke: I understand. I also think multitasking is a myth. I get more done when I do one thing at a time.

Sandy: I have to disagree with that. I wouldn't get anything done if I didn't multitask!

CULTURAL TIP

会話の最後でサンディーは啓介の意見に I have to disagree with that.「それは同意しかねるわ」と言っていますが、アメリカでは反対意見でもはっきり相手に伝えることがよくあります。ただし単刀直入な言い方は親しい同僚や友人などの間だけで、それ以外は I see what you're saying, but ...「あなたの言いたいこともわかるけど〜」のように hedging と呼ばれる表現を加えます。これらは直接的な表現を和らげる効果があるので、対立を避ける意味でも日本人にとって取り入れやすい表現ではないでしょうか。

和訳

啓介は、自分にとって有効な時間管理術について話します。

サンディー： わかるわ。私はいつも子供たちに集中するように言ってるけど、自分の**集中力の持続時間**も彼女たちと大して変わらない気がするのよね。

啓介： 僕も同じです。最近は本当に何かを終わらせたい時は、カレンダーを使って**邪魔されない時間を確保する**ようにしています。

サンディー： 私もそうするようにしてるけど、どうしても抜けられない会議があるのよね。

啓介： そうですね。それから（複数の仕事を並行して行なう）マルチタスキングは神話だと思います。一度に一つの仕事だけをした時の方がより多くのことができますから。

サンディー： それは同意しかねるわ。マルチタスキングしないと何も終わらないもの！

今日から使おう
この表現!

❶
attention span
集中力の持続時間

have a short attention span「飽きっぽい」「集中力がない」という形でよく耳にします。また span には「期間」という意味もあり、over a span of a few years/months「数年間／数ヶ月にわたって」といった使い方もします。

- -

❷
block out time
（空いている）時間を邪魔されないように確保する

block out は「遮る、遮断する」という意味です。ここではネットワーク上の社内共有カレンダーで特定の時間帯に自分の業務予定を入力し、会議などの邪魔が入らないようにすることを指します。まとまった時間を確保することで重要な業務を優先して進めることを目的としています。

Unit
04

Managing Work Stress

仕事のストレスに対処する

Nicky   Kenny

Goal ⤳ 仕事のストレスにまつわる表現と対処法を学びます

ストレスマネジメントのワークショップに参加したことがあります。to-do-list「やることリスト」ではなく、1日にやり遂げたことをリストにしたり、自分のその時の気分に合った音楽を聴いたりするなど、自分に優しくすることも健康な精神状態を保つには大切だと学びました。

Dialogue 1 | 次の会話を声に出して読んでみましょう。 🔊 Track39

Nicky starts talking to Kenny as he walks into the office with a big cup of coffee.

Nicky: Hi, Kenny. That's a big cup of coffee!

Kenny: I just picked the largest size I can get at the coffee shop downstairs. You get more bang for your buck.

Nicky: You really needed your ❶**morning fix**.

Kenny: Believe it or not, I was drinking more when we were only working from home. It felt like ❷**I was on the clock** all the time, and it was exhausting.

Nicky: Oh yeah? I liked it because I had more control over how I worked.

❶ morning fix

朝の一服

fix は「やめられない楽しみ」を指し、無性に食べたく、飲みたくなる物と一緒に使います。朝は I need my coffee fix.「コーヒーで一服したい」という表現をよく聞きますが、I need my fix of chocolate.「チョコレートが食べたい」いう言い方もします。

❷ I was on the clock.

私は勤務中でした

直訳「私は時計の上にいた」が転じて「勤務時間」を指す慣用句的な表現です。I can't drink. I'm still on the clock.「お酒は飲めません。まだ勤務時間中なんです」といった使い方もします。

和訳

大きなコーヒーカップを手にオフィスに入ってきたケニーに、ニッキーが話しかけます。

ニッキー: ハイ、ケニー。随分大きなコーヒーね!

ケニー: 下のカフェで売ってるなかで一番大きいのを買ったんだ。コスパがいいからね。

ニッキー: **朝の一服**が本当に必要だったのね。

ケニー: 信じられないかもしれないけど、在宅勤務だけだった時は今よりもっとコーヒーを飲んでたんだ。1日中**勤務中**のような感じで、ぐったりだったよ。

ニッキー: そうなの? 仕事のやり方を自分でコントロールできるから、私は在宅勤務が好きだったな。

CULTURAL TIP

You get more bang for your buck. は日常会話でよく耳にする慣用句で、bang と buck は俗語でそれぞれ「興奮」と「お金」という意味があります。何かを大量に安く買う「お買い得な」状況や、中古品など「価値のあるものを手頃な値段で手に入れた」時によく使われます。

Dialogue 2 | 次の会話を声に出して読んでみましょう。 ◀)) Track40

Nicky explains how she manages her work stress.

Nicky: I was able to get a midday workout before, and that was a really good way to ❶**keep my stress in check**.

Kenny: I should go back to the gym myself.

Nicky: It helped with my energy level. I used to get ❷**wrapped up in** work, but I wasn't even that productive because I was always tired.

Kenny: You're probably right. I've been trying to better prioritize tasks, but I haven't been very good at it.

Nicky: Well, that's important, too.

Nickyからの
アドバイス

仕事の優先順位の付け方はいろいろあるけど、私はよく time-sensitive「時間に制約のある」なものから先に片付けるようにしてるわ。仕事の疲れやストレスを感じている時は、minimal time and effort「最小の時間と労力」しか必要としない仕事から終わらせ、意識的に達成感を得られるようにしています。

和訳

ニッキーは仕事のストレスへの対処方法を説明します。

ニッキー：完全に在宅勤務だけだった時は日中に運動ができて、**ストレスを抑える**のにすごくいい方法だったよ。

ケニー：僕もまたジムに通わないと。

ニッキー：日中の運動は活力を上げてくれるしね。以前は仕事**に没頭してた**けど、いつも疲れていたからそこまで生産的じゃなかったもん。

ケニー：君の言う通りかも。僕はより上手に仕事の優先順位を付けようとしてるんだけど、あんまりうまくいってないんだ。

ニッキー：確かにそれも大切だよね。

今日から使おう
この表現!

❶

keep one's stress in check

ストレスを抑制する

keep ... in check は、keep ... under control と同じ意味です。keep climate change in check「気候変動を抑える」や keep my weight in check「体重を（増えないように）抑える」などいろいろな場面で使うことができます。

Unit
05

❷

wrap up in ...

〜に没頭する

focus on や devote to と同じ意味合いですが、より何かに取りつかれるかのように没頭している状況を指します。

103

失敗から学ぶ

　ア　メリカで生活をしていると This is a safe space.「ここは
　　　安全な空間です」という言葉をよく耳にします。これは
LGBTQ＋の家族向けの交流会を表したり、カウンセラーが患
者に対して使ったりする表現ですが、学びの場にもこの「安全な
空間」という概念が存在します。大学などの教育機関における
「安全な空間」は、人種、性別、年齢などの違いを問わず生徒
たちが自由に発言し、意見交換をすることができるポジティブな
空間を意味します。これは常に生徒参加型のスタイルで行なわれ
るアメリカの授業では大切な要素で、生徒が発言しやすい場を
提供するのも講師の重要な役割なのです。

　さらに ESL＊の授業においては、この「安全な空間」は、生
徒が間違えることを恐れずに発言できる場でないといけません。
受け身の授業形態に慣れているアジア諸国から来た留学生にとっ
ては、参加形式の授業に飛び込むことだけでも勇気が必要です。
また、日本のように失敗を恥じる文化に慣れていると間違ったらど
うしようという不安もあるでしょう。

しかし忘れてはいけないのは発言をしない生徒より、間違って
いても発言をしてくれる生徒の方が講師にとってはありがたい存
在だということです。なぜなら間違いは生徒の英語力を鍛える絶
好の機会を与えてくれるからです。まず間違えることで何がわから
ないのかがわかります。また間違いをその場で見直すことで、ク
ラスにいる生徒皆が何かを学ぶことができます。間違いを繰り返
す生徒はどんどん力がついていくわけです。

　日本で英語を教えていた時に、Do you have any questions?
という質問でよく授業を終えていましたが、誰も返事をしてくれな
いことがしばしばありました。まずはこういった場で返事をすると
ころから始め、少しずつ質問や発言をすることに慣れていってくだ
さい。「間違えてなんぼ」と思えるようになれば英語力も飛躍的
に伸びること間違いなしです。

＊（＝English as a Second Language）第二言語としての英語

Unit 06
中級

Team-Building Day

Alex   Sandy

チームビルディング研修

Goal ⇢ チームビルディング研修の目的や内容を理解します

私は新学期初日に、Two Truths and a Lie「二つの真実に一つのうそ」という icebreaker（緊張をほぐすもの）を行ないます。これは三つの自己紹介文のうちの一つにうその内容を入れて、聞く側がそのうそを当てるというものです。その場の雰囲気が和み連帯感が生まれるので、企業でもよく使われます。

| Dialogue 1 | 次の会話を声に出して読んでみましょう。 🔊 Track41 |

Alex wants Sandy's help in planning his team-building day.

Alex: Hey, thanks for joining me.

Sandy: How can I resist a free lunch! Besides, ❶**two heads are better than one** when it comes to planning something like this.

Alex: Definitely. I know the scavenger hunt was a very successful team-building activity in the past, but what do you think about doing the same thing this year?

Sandy: Why not ❷**change things up**? It can be any activity as long as it gets everyone excited to do something together, right?

❶ Two heads are better than one.

1人で考えるより2人で考えた方が良い知恵が出る

直訳すると「二つの頭は一つより良い」、つまり「1人で考えるより2人で考えた方が良い知恵が出る」という意味です。日本語の「三人寄れば文殊の知恵」に相当することわざです。

❷ change things up

変えてみる

いつもとは違うことをしたい時に使う表現で、普段食べない物を注文した時などに It's nice to change it up sometimes.「たまに変えてみるのもいいよね」といった言い方もします。

和訳

アレックスはチームビルディング研修の計画にサンディーの協力を求めます。

アレックス: やあ、付き合ってくれてありがとう。

サンディー: ランチをおごってもらえるのに、断るわけないわ。それにこういうことを計画する時には、**1人で考えるより2人で考えた方が良い知恵が出る**からね。

アレックス: 確かに。スカベンジャーハント* は過去にとてもうまくいったチームビルディングアクティビティだけど、今年も同じことをするのはどう思う?

サンディー: **変えてみ**たら？ 皆が一緒に何かを楽しむことができれば、内容はどんなものでもいいのよ。

*与えられたリストに従って品物を集めるゲーム

Sandyからの
アドバイス

米国のIT企業におけるチームビルディング研修は、各部署だけで行なわれることもあれば、会社全体で行なう場合もあるわ。複数の部署が関わるチームビルディング研修になると普段あまり気軽に話をする機会のない人とも交流でき、それが後に円滑なコミュニケーションにつながるのよ。

Unit
06

Dialogue 2 | 次の会話を声に出して読んでみましょう。 🔊 Track42

Alex comes up with a possible team-building activity for his team.

Alex: You do have a point. I just don't know what would be fun and worthwhile.

Sandy: Ultimately, we want to have a ❶**tight-knit** team. We just need to make sure the activity builds everyone's sense of belonging.

Alex: Okay, I think I have an idea. What about taking a cooking class together? Everyone on my team loves talking about food.

Sandy: You do have some ❷**foodies** on your team. I think that might work!

CULTURAL TIP

日本ではまだ料理は女性がするものというイメージが残っていますが、アメリカでは夕飯を毎晩作る夫やケーキ作りが趣味のお父さんなど、料理好きな男性に出会う機会が多くあります。料理教室も女性同士で通うより、カップルがデートで利用したと聞くことの方が多いです。

和訳

アレックスは、チームビルディングアクティビティに良さそうな案を思いつきます。

アレックス: そうだね。ただ、何が楽しくて有意義なのかわからないんだ。

サンディー: 最終的に**結束の固い**チームを作ることが目的でしょ。チームビルディングを通して、確実に皆が帰属意識を持つようにしないとね。

アレックス: よし、アイデアが浮かんだぞ。皆で一緒に料理教室に参加するっていうのはどうかな? 僕のチームは皆、食べ物について話すことが大好きなんだ。

サンディー: あなたのチームには食通の人がいるものね。いいんじゃないかしら。

---

❶
tight-knit

絆の固い
親密な

直訳の「堅く編みこんだ」が、比喩的に「結束が固い」「親しい」といった意味合いで使われている表現です。close-knitと置き換えることもできます。

- -

❷
foodie

食通
美食家

食に興味がある人や食べ歩きが好きな人などを指し、I'm a foodie.「私は食通です」のように使います。日本語では「美食家」を意味する名詞として「グルメ」(gourmet)が使われていますが、日常会話ではgourmet breakfast「豪華な朝食」や gourmet chef「グルメ志向のシェフ」のように形容詞的用法で使われることが多いです。

Unit
06

Team Meeting

チームミーティング

Alex   Tong

Goal → 社内会議における表現を学びます

日本企業は会議が多いイメージがありますが、米国企業でも数多くの会議が
行なわれます。しかし、日本との大きな違いは無駄な会議が少ないことです。
すぐに終わる進捗状況の確認・報告などは時間が 15 分に設定されていること
もあり、また会議に直接貢献できない人は参加を求められないこともしばしば
です。

Dialogue 1 │ 次の会話を声に出して読んでみましょう。 🔊 Track43

Alex begins a team meeting with a report on the progress
of the project.

Alex: Let's get started. **❶We're here today to** discuss
the state of our current project. I spoke with
Wendy last week, and she expressed concerns
about our progress. Everything needs to be
completed in the next three weeks.

Tong: I think we only have a few more tasks to
complete. We are working on performance
improvement and fixing a few bugs.

Alex: Okay, that's good to hear. Just remember that
we need some **❷buffer** for the QA* team to
carry out the final check.

❶
We're here today to …

今日は〜のために集まりました

会議などの目的を述べる時に便利な表現です。I've called this meeting (in order) to …「〜をするためにこのミーティングを開きました」という言い方もよく使います。

❷
buffer (time)

予備の時間

bufferには「緩衝材」の意味があり、そこからテクノロジー企業では「余分な時間」を指すようになりました。

和訳

アレックスが、プロジェクト進捗報告のチームミーティングを始めます。

アレックス:ミーティングを始めよう。**今日集まってもらったのは**、現在進行中のプロジェクトの状況について話し合う**ため**なんだ。先週ウェンディーと話をしたら、僕たちの進捗状況が心配だと言われた。あと3週間で全て完了させる必要があるからね。

トング:完了まであと少し作業が残っているだけだと思います。今は（ゲームの）パフォーマンス向上に取り組んでいるのと、バグをいくつか修正しているところです。

アレックス:オッケー、それを聞いて安心したよ。ただ、品質保証チームが最終確認を行なうための**予備の時間**が必要だということも忘れないように。

*Quality Assurance（品質保証）の略

CULTURAL TIP

日本人は時間に正確だといわれていますが、会議となると開始時間や終了時間が守られないことがよくあります。米国のIT企業で行なわれる会議は参加者が全員揃っていなくても時間になると開始されることがほとんどで、終了時間も厳守しています。会議が時間内に終わらない場合は、改めて会議を設定するのが一般的です。

Dialogue 2 | 次の会話を声に出して読んでみましょう。 🔊 Track44

Alex explains how he's feeling about the progress.

Tong: How much time are we talking about?

Alex: At least three to four days.

Junko: We should be able to get everything done. I don't understand why Wendy was concerned.

Alex: To be honest, I was also a little bit worried about everyone's output. Everyone has to **❶pick up the slack** in order for us to **❷deliver**.

Junko: We'll do everything we can to meet the deadline.

Alex: The next three weeks will be rough, but I'm counting on you guys.

Alexからの
アドバイス

ミーティングを通してメンバーのやる気を引き出し、チームの業務効率を上げるには、メンバー個人を指摘するよりも、チーム全体のやる気が出るような言葉をかける方が効果的だ。ミーティングの最後は I'm counting on you guys.「皆を頼りにしているよ」の代わりに I hope you'll all hang in there.「皆頑張ってほしい」といった表現を使うのもいいだろう。

和訳

アレックスは進捗状況に対する考えを述べます。

トング: どのくらいの時間が必要ですか?

アレックス: 少なくとも、3 〜 4 日かな。

順子: 全て完了できるはずよ。どうしてウェンディーが心配していたのかわからないわ。

アレックス: 正直、僕も皆の仕事ぶりが少し心配だったんだ。**業務をやり遂げる**ためには、皆で**足りない部分を補**わなければならない。

順子: 締め切りに間に合うように、できることを全てやるわ。

アレックス: これから 3 週間は大変だろうけど、皆を頼りにしているよ。

今日から使おう
この表現!

❶
pick up the slack
不足を補う

slack には「不足」「たるみ」の意味があり、pick up the slack で「他の人ができないことや、やりたくないことを代わりに行なう」ことを指します。Why should I have to pick up my co-worker's slack?「なぜ私が同僚の業務を肩代わりしなくてはいけないの?」といった使い方をします。

Unit 07

❷
deliver
業務を遂行する

目標達成や成果を上げる意思を示す時に使う単語です。ビジネスの場だけでなく、政治においても I will deliver on my campaign promises.「私は選挙公約を遂行します」のように使われます。

Unit 08
中級

Coming Out at Work

職場でカミングアウトする

Carlos   Nicky

Goal ⇢　カミングアウトについて理解を深めます

LGBTQ＋など性的少数者に対する関心は日本でも高まりつつありますが、まだ身近な問題と感じていない人も多いのではないでしょうか。サンフランシスコではほとんどの人が性自認や性的指向についてオープンですが、職場では信頼できる人にしか公表しないようです。

Dialogue 1 ｜ 次の会話を声に出して読んでみましょう。　◀)) Track45

Carlos finds Nicky walking toward the train station after work.

Carlos: Hey, Nicky. Are you **❶heading** to the station?

Nicky: Yes, let's walk there together. Give me just a second. I just need to text this guy back.

Carlos: Oh, you got a date or something?

Nicky: No, definitely not. I'm attracted to women. I thought you knew!

Carlos: No, I didn't, but **❷I appreciate you sharing that with me**.

Nicky: It's not a big secret, but I'm also not announcing it to everyone.

114

❶ head

（ある方向に）向かう、行く

Let's head back to the office.「オフィスに戻ろう」や Our project is headed in the right direction.「プロジェクトは軌道に乗ってきた」のようにさまざまな使い方がされます。

❷ I appreciate you sharing that with me.

伝えてくれて感謝します

thank you よりもかしこまった表現です。ここでは人 + -ing の形を使って appreciate の後ろに感謝の対象となる相手の行動を入れています。I'm grateful that ...「〜を感謝する」という言い方もします。

和訳

仕事帰りにカルロスが、駅へ向かうニッキーを見つけます。

カルロス： やあ、ニッキー。駅へ**向かってる**の？

ニッキー： うん、駅まで一緒に行こう。ちょっとだけ待って。この男性にメールの返信をしないといけないの。

カルロス： おっ、デートの相手とか？

ニッキー： やだ、全然違うよ。私は女性が好きなの。知ってると思ってた。

カルロス： ううん、知らなかった。でも**教えてくれて感謝するよ。**

ニッキー： 大した秘密じゃないけど、皆に公表してるわけでもないの。

Nicky からの
アドバイス

職場でも友達の間でも身近な人がカミングアウトしてくれたら、それはあなたを信頼している証拠です。だからカルロスのように、その行為に感謝の気持ちを伝えるとカミングアウトした人はとても安心するよ。単純に Thank you for sharing that with me. と言うだけでも大丈夫。

Dialogue 2 | 次の会話を声に出して読んでみましょう。 🔊 Track46

Nicky shares some details about the man who is interested in her.

Carlos: Sure, that makes sense. It's a personal choice.

Nicky: Sometimes, I do wish everyone knew how to take a hint.

Carlos: Sorry, I didn't **❶pick up on** it.

Nicky: Oh, no! I wasn't referring to you. I meant the guy I was just texting. He actually works in our office.

Carlos: That's kind of uncomfortable.

Nicky: Yes. I've been telling him **❷in a roundabout way** that I'm not interested. Hopefully, he'll just give up.

CULTURAL TIP

come out は come out of the closet が短縮された
表現で、自分の性的指向や性自認などを他の人に公表す
ることを意味します。英語には skeleton in the closet
「内輪の秘密」（直訳はクローゼットの中の骸骨）という
慣用句がありますが、closet が「知られたくないものを隠
す場所」と同じ意味で使われているのがわかります。

和訳

ニッキーは、彼女に言い寄っている男性について話します。

カルロス：それはそうだね。個人の自由だしね。

ニッキー：時々、皆が人の気持ちの察し方を知ってればいいのにって思うことがあるわ。

カルロス：ごめん、**気づか**なくて。

ニッキー：え、違う！ カルロスのことを言ったんじゃないよ。今メールをしてた人のことを言ったの。実は彼、うちの会社で働いている人なんだ。

カルロス：それはちょっと気まずいね。

ニッキー：うん。彼に興味がないことを**遠回しに**伝えてるんだけど。さっさとあきらめてくれないかな。

今日から使おう
この表現!

❶

pick up on ...

〜に気づく

Did you pick up on the awkward silence between them?「彼らの間の気まずい沈黙に気づいた？」のように、言葉にして直接伝えていないことを感じ取る・察知する場合などに使われます。

❷

in a roundabout way

遠回しに

roundabout はイギリス英語で「メリーゴーラウンド」や「環状交差点」という意味があり、それが比喩的に使われている表現です。indirectly と置き換えることができます。

Unit 09
中級

Promotion without a Raise

昇給なしの昇進

Trisha   Carlos

Goal ↪ 昇進通知の受け止め方や昇進にまつわる表現を学びます

アメリカでは時折、昇給なしの昇進が提案されることがあります。上司として
このような昇進の打診をする場合は、部下の転職を防ぐ為にもできるだけ肯
定的な要素を挙げることが重要です。

Dialogue 1 | 次の会話を声に出して読んでみましょう。 ◀) Track47

Trisha and Carlos are in a meeting to talk about Carlos'
promotion.

Trisha: I have some good news. You will be promoted
to the senior engineer position you asked for
back in December.

Carlos: Oh really? I wasn't sure if my wish was passed
on to the **❶higher-ups** with the recent decline
in our game sales.

Trisha: Well, I followed up with Wendy to push the
agenda because I think you deserve it.

Carlos: That's great. So what would be the raise for
this position?

Trisha: That's the **❷sticking point** that I would like to
discuss with you.

❶ higher-ups

会社の上層部、お偉いさん方

組織で地位の高い人全般を指すくだけた表現です。people in management positions「管理職にある人」とも言うことができます。

❷ sticking point

厄介な点

合意の妨げとなり得る課題や問題点を指します。The major sticking point is the price.「最大の問題は価格だ」のように具体的な問題点を挙げるのにも使われます。

和訳

カルロスの昇進についてトリシャとカルロスが話をしています。

トリシャ： いいニュースがあるわ。12 月からあなたが交渉してきた、シニアエンジニアへの昇進が決まったわ。

カルロス： え、本当ですか？ 最近ゲームの売上げが下がってたので、**上層部**に僕の希望が伝わっているのか確信がなかったんです。

トリシャ： それは私がウェンディーに、あなたの昇進を進めるように念を押したのよ。あなたは昇進するにふわさしいと思ったから。

カルロス： よかったです。それでシニアエンジニアになると昇給はどうなりますか？

トリシャ： そこが**厄介な点**で、あなたと話し合いがしたくて。

Carlosからの
アドバイス

アメリカでは日本ほどお金の話がタブーではないんだ。特に昇進となれば昇給について質問するのは自然の流れだから、疑問に思うことは躊躇せずに聞こう。新しい役割の責任なども含め、提示された条件を十分に吟味する必要があるね。

Unit
09

Dialogue 2 | 次の会話を声に出して読んでみましょう。 🔊 Track48

Carlos learns that the promotion he is getting is not what he had expected.

Carlos: Is it smaller than average?

Trisha: Unfortunately there is ❶**no room in the budget** for a raise at this time. However, I'm committed to giving you as much opportunity as possible to raise your profile this year.

Carlos: I see. I'm very happy about the new title, but I didn't ❷**anticipate** that I wouldn't get a raise. Can I think about it and give you my answer later this week?

Trisha: Of course, but I think this is a really good opportunity for you.

CULTURAL TIP

年功序列の風土がないアメリカで出世をするには、数年ごとに自分の功績をアピールし職位を上げていくことがとても重要になります。大企業における高い役職は、転職市場でも評価が高いため、肩書きに senior「上級」と付くだけでも検討の価値があります。

和訳

カルロスは、今回の昇進が期待していたものとは異なることを知らされました。

カルロス: 平均よりも少ないのでしょうか？

トリシャ: 残念ながら現時点では昇給する**予算の余裕がない**の。でも、今年あなたの認知度が上がるように、できる限りの機会を与えるって約束するわ。

カルロス: そうですか。シニアエンジニアになれるのはとても嬉しいのですが、昇給がないとは**予想**していませんでした。この件については検討して、今週中に返事をするということでいいですか？

トリシャ: もちろん。でもこれはあなたにとって非常にいいチャンスだと思うわよ。

今日から使おう
この表現!

❶ no room in the budget

予算がきつい

room は「余裕、余地」という意味もあり、ここでは予算のなかに昇給を与えるための余裕がないことを指しています。We're on a tight budget.「予算が厳しいんです」もよく使われる表現です。

- -

❷ anticipate

予期する

何かを「予想する、期待する」という意味の動詞で、expect に置き換えられます。ビジネスでは It costs more than I anticipated.「予想より費用がかかる」のように使うことができます。

Unit 09

121

Unit 10
中級

Brainstorming Session

ブレーンストーミングセッション

Trisha　　Tong

Goal ↝　ブレーンストーミングセッションの
流れと注意点を理解します

ブレーンストーミングとは、複数の人が自由にアイデアや意見を出し合う会議
方式の一つで、この方法を通して新たな発想や解決策などを見出すことが期
待できます。ブレーンストーミングセッションはビジネスの場だけでなく大学な
どでもよく行なわれます。

| Dialogue 1 | 次の会話を声に出して読んでみましょう。　◀)) Track49 |

Junko, Tong, Trisha and Keisuke are holding a brainstorming session to discuss how to increase brand recognition at a game show.

Trisha: So at the end of this meeting, we want to have tangible ideas on how to increase our brand recognition at the game show. Who would like to start? ❶**Any idea is welcome at this point.**

Keisuke: I think we should invite some of our loyal gamers and have a gaming tournament on the big screens.

Trisha: Okay, ❷**I like the idea of** utilizing our existing customers.

Junko: Why don't we introduce more perks to the gamer's loyalty program and make an announcement at the show?

❶ Any idea is welcome at this point.

現時点ではどんなアイデアも歓迎です

ブレーンストーミングで活発な意見交換を
促す表現です。他にも Let's just throw
out any ideas we can think of.「思い
つくアイデアは何でも提案してみよう」のよ
うな表現もあります。

❷ I like the idea of …

〜という考えはいいと思います

進行役が提案に対して前向きな姿勢を示
す際に便利な表現です。That's a great
idea.「それはとても良い考えですね」や
That's a great start.「素晴らしい出だし
ですね」もよく使われます。

和訳

ゲームショーでのブランド認知度の上げ方
について話し合うために、順子、トング、ト
リシャ、啓介がブレーンストーミングを行なっ
ています。

トリシャ： この会議の最終目標は、ゲーム
ショーで我が社のブランド認知を上
げるための具体案を考えることよ。
何か意見がある人はいる? **現時
点ではどんなアイデアも歓迎です。**

啓介： 当社のゲームに熱心なファンを招
待して、巨大スクリーンでゲーム
大会を開催したらどうでしょう。

トリシャ： なるほど。既存の顧客を有効活用
する**というのはいい考えだと思う
わ。**

順子： ゲーム利用者のロイヤルティプロ
グラムに特典を上乗せして、ゲーム
ショーで発表するのはどうでしょう。

Unit 10

Trishaからの
アドバイス

ブレーンストーミングセッション
は、話し合いを上手にリードでき
きる進行役の存在がとても重要
なの。誰かの意見を批判するよ
うな表現は絶対に避け、参加
者がどんどん意見を出していける
ような環境を作っていくことがポ
イントよ!

Dialogue 2 | 次の会話を声に出して読んでみましょう。 ◀)) Track50

The discussion is moving in the right direction.

Tong: **❶Just to add to what** Junko **❶said about** the gamer's loyalty program, I think it might be fun to introduce a few gamers' profiles at the show, too. We can select the people who have played most of our games, the game addicts so to speak.

Trisha: That's an interesting idea, but could we really get ahold of enough gamers like that?

Keisuke: I think it's **❷doable** if we use social media to reach our gamers.

Trisha: I like where this is going. Maybe we can get into the specifics now.

CULTURAL TIP

ここでは皆が同じような意見で議論が進行していますが、反対意見を持つ人が発言をすることもよくあります。その場合は She has an interesting idea, but I have another suggestion.「彼女の意見は面白いけど、もう一つ案があります」のような表現が使われます。ブレーンストーミングはあくまでもアイデアを出し合う場なので考えが違っても発言を躊躇しないことが大切です。

和訳

議論は良い方向へ進んでいます。

トング： ゲーム利用者へのロイヤルティプログラム**について**順子**の案に**ちょっと付け足したいのですが、何人かゲーマーのプロフィールを紹介するのも面白いと思います。うちのゲームのほとんどをプレーしてきた人を選ぶんです。いわゆるゲームマニアですね。

トリシャ： 面白いアイデアね。でも本当にそんな人たちを十分に確保できるのかしら。

啓介： ソーシャルメディアを使ってゲーマーとコンタクトを取れば**可能**だと思いますよ。

トリシャ： いい方向に話が進んでいるわね。では詳細を詰めていきましょうか。

今日から使おう
この表現!

❶ Just to add to what someone said about …

〜について（人）が言ったことにちょっと付け加えるなら

人の案に付け加えて提案したい時に便利な表現です。I'd like to piggyback on what she said.「彼女の発言に便乗しますが」という言い方をする人もいます。piggyback は「おんぶ」という意味です。

Unit 10

- -

❷ doable

実行可能な

よく耳にする口語表現で It's difficult / challenging, but doable.「困難ですが実行可能です」といった使い方もします。possible「起こり得る」や achievable「達成可能」が類語に挙げられます。

難しい文法にこだわらない

英語を教えていると「この文は何文型ですか?」と日本人の生徒から聞かれることがよくあります。日本にいた頃は逐一品詞を分解して説明をしていましたが、サンフランシスコで教えるようになってからは、「とりあえず文型のことは忘れてください」と言うようになりました。その理由は文型を覚えることが英語力の向上に直結していないからです。私が教職インターンシップをした語学学校でも文型の話をした記憶はなく、書き言葉でも話し言葉でも自分の言葉で簡潔にまとめることが英語の上達には欠かせないスキルであることを学びました。

大学のライティングクラスでは、課題を出すたびに難しい単語を連ねた長い文章のエッセイを提出する生徒が必ず数人います。書き直しの段階で、私が読んで理解できなかった文章は生徒が知っている単語だけを使って口頭で説明させる作業を行ないますが、そこで初めて自分の言いたいことを伝えるのに複雑な構文は必要ないことに皆気づきます。

こういった経験からも、私は1文を15文字以内に収めること
を勧めています。またハイレベルな単語よりもインパクトのある言
葉を選ぶことで、言いたいことがより明確に伝わります。例えば
He closed the door violently.「彼はドアを乱暴に閉めた」
より、He slammed the door.「彼はドアをバタンと閉めた」
の方が具体的な動作がイメージしやすくなります。特に文の核とな
る動詞は一番時間をかけて考えてほしい単語です。

　シェイクスピアの名言の一つに Brevity is the soul of wit.
「簡潔は英知の神髄である」というものがあります。これは私が
文章を書く時やプレゼンをする時などに意識している言葉です。
英語を学習している皆さんにも「簡潔にまとめる」ことにはぜひこ
だわってほしいです。

Unit 11
中級

Getting Married
結婚をする

Keiko   *Alex*

Goal ⤳ 結婚式のトレンドや結婚にまつわる表現を学びます

新型コロナの流行を機に盛大な結婚式を望む人が減り、招待客や式場などを最低限に抑えた minimony* やアウトドアウェディングなどが増えているそうです。ビデオ通話を利用して、式に列席できない高齢の親戚などがリアルタイムで参加できるようにするのも今のスタイルのようです。

＊miniとceremonyの混成語

Dialogue 1 | 次の会話を声に出して読んでみましょう。 ◀) Track51

Keiko heard the news that Alex is getting married.

Keiko: I heard the wonderful news. Congratulations! I'm so happy for you!

Alex: Thanks, Keiko. I surprised everyone in my family. They thought I would never **❶tie the knot** with anyone.

Keiko: Well, people always say **❷there is someone for everyone**.

Alex: I've heard that a lot, but I never really believed it until now. Everything just worked out naturally with Amber.

❶ tie the knot

結婚する
夫婦になる

直訳は「結び目を作る」で、「結婚する」こと
を意味する慣用句です。また同意の俗語に
get hitched があり、We got hitched
last year.「私たち去年結婚したんだ」のよ
うに使います。hitch には元々「動力源と
乗り物（馬と馬車など）をつなげると」いう
意味があります。

❷ There is someone for everyone.

皆（その人に合う）誰かがいるものです

結婚相手を探している友人や同僚を励ます
ために使ったり、外見的・性格的に意外な
組み合わせのカップルのうわさ話で使った
りします。

和訳

景子はアレックスが結婚するという知らせを
聞きました。

景子： 素敵なニュースを聞きました。
　　　　おめでとう！　私も本当に嬉しい
　　　　わ！

アレックス：ありがとう、景子。家族の皆が
　　　　驚いてたよ。僕は誰とも**結婚し**
　　　　ないと思っていたらしい。

景子： でも、**皆その人に合う誰かがい**
　　　　るって言いますから。

アレックス：その言葉よく聞くけど、今までは
　　　　全く信じていなかったんだ。ア
　　　　ンバーとは全てが自然にうまく
　　　　いったよ。

Keiko からの
アドバイス

結婚を祝う言葉はいろいろとあるけ
れど、同僚や友人などに口頭で伝
える場合は Congratulations.
Couldn't be happier for you!
「おめでとう。これ以上嬉しい報告は
ないよ！」や、Congratulations.
I'm so excited for you!「お
めでとう！（自分のことのように）わ
くわくする！」のような言い方がカ
ジュアルで気持ちもストレートに
伝わります。

Dialogue 2 | 次の会話を声に出して読んでみましょう。 ◀)) Track52

Alex is talking to Keiko about his wedding plans.

Keiko: **❶That's a good sign!** I remember seeing her at the Christmas party last year. **❷You guys looked great together.** Will I get to officially meet her soon?

Alex: Definitely. It's a little bit complicated, but we're planning to have multiple ceremonies, so you will be invited to one of them.

Keiko: What do you mean? You're going to have more than one wedding?

Alex: Yeah, some of Amber's relatives don't want to attend a big wedding, so we decided to host a few small gatherings in different locations.

CULTURAL TIP

今はさまざまな形の結婚式が行なわれていますが、アメリカの伝統的な式では groomsmen「新郎の付き添い人」、bridesmaids「新婦の付き添い人」、flower girl「花嫁の歩く先に花びらをまく役目の女の子」などの役割を担う人がいます。また新郎新婦がゲストの前で披露する first dance は、披露宴を最大に盛り上げる演出の一つです。

和訳

アレックスは景子に結婚式の計画を話しています。

景子: **それはいい徴候ですね!** 去年のクリスマスパーティーで彼女を見かけたのを覚えています。**お似合いでしたよ。** 近いうちに正式に彼女に会えますか?

アレックス: もちろん。ちょっと複雑なんだけど式を何回か行なうつもりだから、そのうちの一つに招待するよ。

景子: どういうことですか? 結婚式を2回以上行なうの?

アレックス: うん。アンバーの親戚に大きな結婚式には参加したくない人たちがいて、違う場所で数回小さな集まりを開くことにしたんだ。

❶
That's a good sign!
それはいい徴候ですね

何か良いことを指し、恋愛関係においては相手の良い性格や行動などに対してよく使われます。この会話では Then she's/he's a keeper.「では彼女/彼は本命ですね」という表現で置き換えることもできます。この keeper は、大切にする価値がある人や物を意味する口語です。

❷
You guys look great together.
あなたたちはお似合いです

カップルに対する褒め言葉です。同様の意味で You guys make a cute couple. や You two are a good match. といった言い方もします。

Unit 11

131

Team Lunch

チームランチ

Nicky   Trisha

Goal ⤳ チームランチの目的を理解し、それにまつわる表現を学びます

在宅勤務が浸透する前はサンフランシスコ・ベイエリアにある IT 企業の多く
が、チームメンバー全員で昼食をとる「チームランチ」を定期的に行なってい
ました。頻度は減りましたが、オフィスに通いやすいチームメイトで食事をす
る機会を設ける企業は今でも多いようです。

Dialogue 1 | 次の会話を声に出して読んでみましょう。 ◀)) Track53

Trisha's team is having a team lunch.

Nicky: So ❶**what have you been up to lately**, Trisha?

Trisha: Well, I've been looking for a new place to live.
I decided to ❷**move in with** my boyfriend.

Nicky: That's a big change!

Kenny: Are you guys looking for a bigger place then?

Trisha: Yes, we want to find a two-bedroom
apartment.

❶ What have you been up to lately?

最近どうしてた?

How are you? に比べいろいろな答え方がありうる、間口の広い質問です。近況を尋ねるのに便利です。

❷ move in with ...

〜と同棲する

move in with ... で「〜と同居するために引っ越す」という意味があります。I'm moving back in with my parents.「両親のもとへ引っ越します」も耳にします。

和訳

トリシャのチームがチームランチをしています。

ニッキー: それでトリシャ、**最近はどうしてたの?**

トリシャ: そうね、新しい家を探してるところ。彼**と同棲する**ことにしたの。

ニッキー: それは大きな変化ね!

ケニー: てことは今よりも広いところを探してるの?

トリシャ: ええ、寝室が 2 部屋あるマンションを探してるの。

CULTURAL TIP

職場と比べ、もう少しリラックスした雰囲気のあるチームランチではプライベートの話を共有する人も少なくありません。その場合、上下関係をあまり意識せずに話す傾向があります。あまり個人的なことを話したくない人は、最近見て面白かったテレビ番組や映画など当たり障りのない話題にしておくといいでしょう。

Dialogue 2 | 次の会話を声に出して読んでみましょう。　🔊 Track54

Carlos shares his view on rent.

Kenny: Nice. I would love to move to a bigger place, too.

Trisha: It ❶**comes at a price** though. I live in a small place right now, but the rent is affordable.

Carlos: I think paying high rent is worth it if you're getting more space.

Nicky: ❷**Look who's talking!** You're always running out of money before the end of the month.

Carlos: That's not true!（everyone laughs）

Nickyからの
アドバイス

Look who's talking! は、相手からの指摘や嫌味を「あなたも同様でしょ」と皮肉で返すのにも使われます。例えば I'm lazy? Look who's talking!「私がだらけてる？　あなたもそうでしょ」のようにね。皮肉的に使う場合はきつく聞こえるから注意が必要だけど、にっこり親しみを持って使えば冗談にもなるよ。

和訳

カルロスが家賃についての考えを述べます。

ケニー: いいね。僕も広いところに引っ越したいよ。

トリシャ: でも、**高くつく**のよね。今住んでるところは狭いけど、家賃は手頃なの。

カルロス: 今より広い場所に住めるなら、高い家賃を払う価値があると思うよ。

ニッキー: **よく言うわ!** カルロスはいつも月末前に金欠になってるじゃない。

カルロス: そんなことないよ!（皆笑う）

❶
come at a price
高くつく

直訳すると「価格でくる」となり、何かを得ることによって払う代償や犠牲を意味します。Convenience comes at a price.「利便には代償が伴う」はよく耳にする表現です。

❷
Look who's talking!
よく言うわ
あなたに言われたくない

相手にあれこれ言う人に対して「あなたはそんなことを言える立場ではないでしょ」と言いたい時に使います。仲の良い人に対して冗談ぽく使う傾向があります。

Unit 12

Office Romance
職場恋愛

Carlos　　Junko

Goal ⤳　職場恋愛やデートにまつわる表現を学びます

米国人材派遣協会の調査によると「同僚と交際を始めた、同僚と交際中」と
答えた人は 33% だったそうです。＊　新型コロナの影響で在宅勤務が増えた
なかでも職場恋愛は特に減っていないようで、一緒に仕事をする同僚とは恋
愛感情が生まれやすいことがわかります。

＊2020年の調査に基づく

Dialogue 1 │ 次の会話を声に出して読んでみましょう。　🔊 Track55

Junko arrives at a bar where Carlos is waiting.

Carlos: Hey, Junko. **❶Over here!**

Junko: There you are. It's so packed here. I didn't know there'd be live music tonight.

Carlos: Well, I could've picked somewhere close to work where we know it is not that busy.

Junko: Aw Carlos, you know that I'm not comfortable with that idea.

Carlos: I still don't know what the big deal is. There's no need for us to **❷sneak around**. We're not doing anything wrong.

❶ Over here!

こっちだよ!

待ち合わせ場所で相手が自分を探している
場合、または自分に気づいていない時など
に「自分はここにいるよ」という意味合いで
使われます。手を振りながらこの表現で呼
びかけると効果的です。

❷ sneak around

こそこそする
人目を逃れる

人目を避けて何かをすることを意味し、恋愛
関係を秘密にしている人の行動を表すのに
も使われます。Someone was sneaking
around the house.「家の近くでこそこそ
している人がいた」など、不審者を表す場
合もあります。

和訳

バーで待っているカルロスのところへ順子が
やってきます。

カルロス: おーい、順子! **こっちこっち!**

順子: そこにいたのね。随分混んでるね。
今夜ライブ演奏があるなんて知ら
なかった。

カルロス: あー、会社の近くのあんまり混ん
でない店にしても良かったんだけ
ど。

順子: もう、カルロス。それは私が嫌な
の知ってるでしょ。

カルロス: 何がそんなに問題なのか、いま
だにわからないんだよね。**こそこ
そする**必要なんてないよ。何も悪
いことしてないんだから。

CULTURAL TIP

アメリカでは恋愛は基本的に個
人の自由なので、職場恋愛を就
業規則で禁止することはできませ
ん。その代わりに多くの企業が
「職場恋愛における方針」を定め
ており、交際の報告義務や、書
面で交際の合意を示すことを規
定していることもあるそうです。こ
れはカップルが別れたあとのセク
ハラ訴訟を防ぐためです。

Dialogue 2 | 次の会話を声に出して読んでみましょう。　🔊 Track56

Junko shares her feelings about office romance.

Junko: I know. I'm just not ready for other people to find out yet. Can we just **❶keep this to ourselves**?

Carlos: Of course. I see it differently, but **❷I respect your feelings**.

Junko: Thank you. I like that you don't mind what other people think, but I've seen some bad cases at my previous workplace.

Carlos: Really? What happened?

Junko: This couple broke up after about a year of going out, but they still had to work together on the same project. It was awkward for everyone!

Carlosからの
アドバイス

相手の気持ちを配慮して共感する姿勢を見せることは、恋愛だけじゃなく仕事をする上でも大切だね。I respect your feelings. の代わりに I know where you're coming from.「あなたの言いたいことはわかる」を使うこともできるよ。これは「相手の意見や考え方が理解できる」という姿勢を示すんだ。

和訳

順子は社内恋愛についての考えを述べます。

順子: わかってる。ただ、他の人に知られる心の準備がまだできていないの。**私たちだけの秘密にしといてもらえる?**

カルロス: もちろん。僕の考え方は違うけど、**順子の気持ちを尊重するよ。**

順子: ありがとう。あなたの、他の人がどう思おうと気にしないところは好きだけど、前の職場で面倒なケースを見たことがあるのよ。

カルロス: 本当? 何があったの?

順子: 1 年くらい付き合って別れたカップルがいたんだけど、そのあとも同じプロジェクトで一緒に仕事をしなきゃいけなくって。皆にとって気まずい状況だったわ!

今日から使おう
この表現!

❶
keep this to ourselves
私たちだけの秘密にしておく

この keep は「胸にしまっておく」の意味で、to oneself を付けて誰が秘密にするかを表します。Can you keep this to yourself?「このことは口外しないでくれる?」など他者に対しても使えます。

❷
I respect your feelings.
あなたの気持ちを尊重します

I respect your decision.「あなたの判断を尊重する」のように feelings を decision「判断」、opinion「意見」、privacy「プライバシー」などに置き換えて、さまざまな場面で応用することができます。

Unit 13

Unit 14
中級

Employee Recognition Program

社員表彰制度

Trisha   Alex

Goal ↦ 社員表彰制度について理解を深め、それにまつわる表現を学びます

米国の企業では、Employee of the Month「月間優秀社員賞」という、活躍した社員を表彰する習慣があります。これは社員の承認要求を満たすことで意欲向上を図ることが目的ですが、上司や顧客などが表彰者を選ぶため、その効果については賛否があります。

Dialogue 1 | 次の会話を声に出して読んでみましょう。　🔊 Track57

Alex and Trisha have been tasked to launch a new employee recognition program at the company.

Trisha: So you like the **❶peer-to-peer recognition system**, right?

Alex: Yes, but how do we want to set it up exactly?

Trisha: Everyone nominates one excellent peer every quarter, and each nomination will accumulate as a point for a chance to win a prize at the end of the year.

Alex: What do we do if we have multiple people with the same number of points at the end of the year?

Trisha: Well, I was going to **❷leave that up to** the management.

今日から使おう
この表現!

❶ peer-to-peer recognition

社員同士の評価

同僚同士が互いの頑張りを評価し称賛することを指します。勤務評価の一環で peer assessment/review「同僚評価」「相互評価」という言葉もよく耳にします。

❷ leave that up to ...

それは～に任せる

leave ... up to someone「～を（人）に任せる」という形でよく耳にします。相手に何かを任せる際に I'll leave that up to you.「それはあなたに任せます」のように使うこともできます。

和訳

アレックスとトリシャは、新しい社員表彰制度の導入を課せられています。

トリシャ: で、あなたは**社員同士で評価**するシステムはいいと思ってるのよね?

アレックス: うん、でも具体的にはどう設定すればいいんだろう。

トリシャ: 社員全員が四半期ごとに優れた同僚を1人推薦するの。そして推薦されるとその都度ポイントが貯まって、年末に商品がもらえるチャンスがあるってわけ。

アレックス: もし年末の時点で複数の人が同じポイントだったらどうするの?

トリシャ: そうね、それは経営陣**に任せ**ようかと思って。

CULTURAL TIP

アメリカでは企業だけでなく、学校教育においても良い行ないをとにかく褒める習慣があります。また単に褒めるだけでなく、なぜ良かったのかを具体的に述べることで、自分の行ないがきちんと評価された満足感につながるそうです。

Dialogue 2 | 次の会話を声に出して読んでみましょう。　🔊 Track58

Alex and Trisha discuss the details of the new recognition program.

Alex: Are you sure you want to do that?

Trisha: It should be fine since all of us have to ❶**back up** our nomination ❶**with** written explanations. Whoever is going to be in charge of the program can use that to make his or her final decision.

Alex: So our fate is ultimately in the management's hands?

Trisha: Well, at least the program is designed to get everyone involved. We're not doing this ❷**for the sake of** pleasing our boss.

Alex: Okay, you have a point there.

Alexからの
アドバイス

上司にこびている人を He's kissing up to the boss again.「彼はまた上司にごまをすってるよ」って言うんだけど、kiss up「ごまをする、お世辞を言う」で成り立つ表彰制度では全社員の意欲を上げることにはならないんだ。上辺だけの表彰にならない社員表彰制度を目指さないといけない。

和訳

アレックスとトリシャは新しい表彰制度の詳細について話し合います。

アレックス：本当にその方法でいくの?

トリシャ： 私たち社員は全員、書面で推薦理由を**裏付け**なければならないわけだから、大丈夫よ。この制度の責任者が誰であれ、最終判断をする時にはそれを使えばいいんだから。

アレックス：じゃあ、結局僕たちの運命は経営陣の手の中にあるってこと?

トリシャ： でも、この制度は少なくとも社員全員が関わるようにできてるわ。上司を喜ばせる**ために**やっているわけではないもの。

アレックス：うん、確かにそうだね。

❶
back up ... with ～

～を…で裏付ける

You need to back up your point with reasoning.「主張を何らかの根拠で裏付ける必要がある」など、さまざまな組み合わせで使える表現です。

- -

❷
for the sake of ...

～のために
～の目的で

sake は「目的」「理由」を意味し、in order to ...やfor the purpose of ...と同意の表現です。Do something just for the sake of it.「それがしたいがために何かをする」という使い方もあり、We shouldn't make changes just for the sake of change.「ただ変更するためだけに変更するべきじゃない」のように使います。

Unit 15
中級

Corporate Holiday Party

会社のホリデーパーティー

Tim　　Sandy

Goal ⇢　アメリカのパーティー文化について学びます

12 月にはサンフランシスコ・ベイエリアに拠点を置く IT 企業の多くが、クリスマスや年越しなどを祝うホリデーパーティーを行ないます。なかには美術館や野球場を丸ごと貸し切ってパーティー会場にする企業もあり、その規模には驚かされます。

Dialogue 1　｜　次の会話を声に出して読んでみましょう。　◀)) Track59

Sandy arrives at the party with her husband.

Tim:　Hi Sandy, did you just get here?

Sandy:　Yes, we had to drop off our daughters first at my friend's house, and there was traffic on the way.

Tim:　Well, ❶**you haven't missed anything**. The party is just getting started.

Sandy:　Good. Hey Tim, ❷**I'd like you to meet my husband, Ken**.

Tim:　Pleased to meet you. We finally get to meet in person.

Ken:　It's a pleasure to meet you as well.

❶ You haven't missed anything.

何も逃していません

遅れて来た人に対し「遅れたことでの損は何もない」、つまり「大丈夫ですよ」という意味で使う表現です。映画館に遅れて入場してきた友人に対しても使います。

❷ I'd like you to meet my husband, Ken.

こちらは私の夫のケンです

誰かを紹介する時に使う定番の表現で、my の後ろに wife「妻」や daughter「娘」など自分との関係を表す単語を置きます。LGBTQ+ の人が自分の恋人や配偶者を表すのに使う partner「パートナー」という単語は、多くの人が好む一般的な表現になりつつあります。

和訳

サンディーが夫と共にパーティー会場に到着します。

ティム：　　　やあ、サンディー。今来たところ？

サンディー：ええ。ここに来る前に娘たちを友人の家に連れて行ったんだけど、そのあと道が混んでて。

ティム：　　　まあでも**何も見逃してないよ。**ちょうどパーティーが始まるところだ。

サンディー：よかった。そうだティム、**こちらは私の夫のケンです。**

ティム：　　　どうぞよろしく。やっとお目にかかれましたね。

ケン：　　　こちらこそよろしく。

Sandyからのアドバイス

一緒にパーティーに出席している同伴者は、会話の初めにすぐ紹介するようにしましょう。そうすることでその場にいる皆が居心地の悪い思いをせず会話に参加できるからよ。また紹介する時は Please meet my husband, Ken.「私の夫のケンを紹介させてください」という表現でもオッケー。

Unit 15

Dialogue 2 ｜ 次の会話を声に出して読んでみましょう。　◀)) Track60

Sandy and Tim discuss some of the changes to this year's Christmas party.

Sandy: I'm glad we're allowed to bring a plus-one to the party this year. What a beautiful **❶venue** for the party, too.

Tim: Yeah, it's been too long since we had a gathering like this.

Sandy: It was a good call to have the party early in the month so we wouldn't miss any people who are leaving town for Christmas.

Tim: Yeah, it looks like a great turnout.

Sandy: Hey, **❷can you excuse me for a minute?** I want to get a drink. Let's get this party started!

CULTURAL TIP

アメリカでは、会社主催のパーティーでも大半の人が夫婦または恋人同伴で参加するのが普通です。これは plus-one という、招待客が同伴者を連れて行く習慣によるもので、招待状には Bring your significant other.「あなたの大切な人もご一緒に」といった表現がよく見られます。

和訳

サンディーとティムは、今年のクリスマスパーティーにおける変化について話します。

サンディー： 今年はパーティーに同伴者を連れてきて良くなったのが嬉しいわ。それに**会場**もとても素敵だし。

ティム： ああ、こういう集まりは本当に久しぶりだからな。

サンディー： 12月の早い時期にパーティーをしたのは正しい選択だったわね。クリスマスでいなくなる人たちも参加できたから。

ティム： うん、パーティーは盛況のようだね。

サンディー： あっ、**ちょっと失礼していいかしら**。飲み物を取ってきたいの。パーティーを始めましょう。

❶
venue
会場

パーティー、コンサート、競技大会、会議などを含むイベントの会場を指します。music venue「音楽会場」や reception venue「披露宴会場」など、さまざまな状況で使われます。

❷
Can you excuse me for a minute?
ちょっと失礼します

その場を少し離れたい際に使う表現で、文頭を Could/Would you ... とした丁寧な言い方もあります。またその場を離れて誰かと2人だけで話をしたい場合には Would you excuse us please? という表現もあります。

Unit
15

147

No Pain, No Gain
（労なくして益なし）

私が30代で大学院に通い始めたことはすでに書きましたが、卒業をするまでの2年半の勉強量は半端ではなく、常に課題の締め切りに追われる毎日でした。さらに大学院2年目からは大学附属の語学学校でのインターンシップが加わり、慢性的な睡眠不足から充血した目とにきび肌で授業をするのが普通になっていました。

　10年以上経った今でもこの時のことを思い出すと「辛かった」の一言に尽きるのですが、この経験があったからこそ現地の大学での就職も実現したのだと思います。No pain, no gain「労なくして益なし」という表現は、まさしくこういった状況において使われます。英語学習も、上達を実感できるようになるまではかなりの時間と労力を必要とします。そのうち日々の勉強が辛くて英語をやめたいと思う人も出てくるかもしれません。しかし何らかの結果を出すためには語学勉強であれダイエットであれ、こういった辛い時期が必ず伴うものです。

実際にこの表現は普段からさまざまな場面で耳にします。

例 1) ジムでの運動後

A: My muscles are sore. 「筋肉痛だよ」

B: No pain, no gain! 「痛みなくして得るものなし！」

例 2) 職場での残業中

A: I've been working overtime every day.
　　「このところ毎日残業だよ」

B: No pain, no gain, if you really want that promotion!
　　「本当に昇進したいんだったら日々努力しないと！」

英語学習に対するモチベーションが下がってきた時は、この慣用句を思い出して気持ちを切り替えてみましょう。

中級レベルで学んだ表現を使って会話を完成させましょう。状況に応じて表現の応用が必要な問題も含まれています。

1. **A:** The inflation hit us hard. (このインフレは大きな打撃だね)

   B: Yeah, I didn't _____. I thought the economy was in good shape.

2. **A:** My trip to Hawaii was too short! (ハワイへの旅行は短すぎました！)

   B: I think 10 days is my _____ for a vacation.

3. **A:** I _____ working from home all the time.

   B: That's why the hybrid model is better.
   (だからハイブリッド勤務の方がいいんです)

4. **A:** I'm getting tired of online dating.
   (マッチングアプリを使って恋人を探すのも疲れてきました)

   B: _____. I'm sure you'll meet someone soon!

5. **A:** We decided to _____.

   B: Congratulations! Are you guys having a wedding?
   (おめでとう！ 結婚式をするの?)

6. **A:** I need my_____ before I can get started on anything.

   B: Me too! Can you get a large cup for me?
   (私も！ Lサイズを注文してもらえる?)

7. **A:** I bet it feels great to be that famous.
   (あれだけ有名だと気分は最高でしょうね)

   B: Nah, I value personal privacy. Fame_____.

8. **A:** Thank you for _____ to set up this interview for me.

B: You're very welcome! (いえいえ、どういたしまして！)

9. **A:** Can you _____ me a few minutes? I'd like to have a word with you.

B: Sure. What is it about? (もちろんです。どんな話ですか？)

10. **A:** The _____ of the new project is its budget.

B: Of course. It's always about the money.
(当然ですよ。いつもお金が問題点です)

11. **A:** I'm sorry you didn't get the promotion this time around.
(今回は昇進できなくて残念でしたね)

B: _____ decision. You gave me good feedback to work on.

12. **A:** _____ yourself, but I'm getting divorced.

B: Don't worry. I won't tell anyone. (心配しないでください。誰にも言いません)

13. **A:** Here are some key _____ from the latest market analysis.

B: Thanks! I didn't have time to read the whole thing, so this is really helpful. (ありがとう！ 全部読む時間がなかったからとても助かります)

14. **A:** I'm getting sick of eating the same food. Let's have lunch at a new restaurant today.
(いつも同じ物を食べてて飽きてきたよ。今日は新しいお店でランチを食べよう)

B: Sounds good. It's nice to _____.

15. A: Sorry, I'm late! I got stuck in traffic on the way here.
(遅れてごめんなさい！途中で渋滞につかまっちゃって)

  B: Don't worry, the movie just started. _____.

16. A: _____ girlfriend, Maki.

  B: I'm glad to finally meet you. I've heard so much about you!
(やっとお目にかかれて嬉しいです。あなたのことは色々と聞いています！)

17. A: Engineers on other teams have been totally unreliable.
(他のチームのエンジニアは全く戦力になっていません)

  B: We all need to _____ to deliver on time then.

18. A: Did you _____ the bad vibe in the meeting?

  B: Yeah, I did. I think everyone is frustrated by unreasonable demands. (はい、気づきました。皆むちゃな要求にいら立ってるんだと思います)

19. A: You should get more exercise. (もっと運動をするべきだよ)

  B: Good advice, but _____ .

20. A: I learned a lot from the mistakes I made in the last project.
(前回のプロジェクトにおける失敗からたくさん学ぶことがありました)

  B: You have the right _____ . Learn from your mistakes and move on!

21. A: Do you think we can complete this project in a few months?
(あと数ヶ月でこのプロジェクトを完成できると思いますか？)

  B: I think it's _____ as long as there are no major issues.

【上級】

状況に合ったフレーズや慣用句を覚えていきましょう。
途切れない会話を目指します。

Employee Classification

雇用形態の区分

Tong　　Keisuke

Goal ↪ 雇用形態について理解を深め、それにまつわる表現を学びます

私は日本では企業に属さずに教材執筆やアナウンサーなどさまざまな仕事をしていたため、自分の雇用形態を freelance「フリーランス」と説明していました。ところがアメリカでは (independent) contractors「個人事業主」という表現がよく使われます。雇用形態を表す単語は他にも多くあります。

Dialogue 1 | 次の会話を声に出して読んでみましょう。　◀))(Track61)

Tong sees Keisuke working after hours.

Tong: Hi, Keisuke. I haven't talked to you in a while. Where have you been?

Keisuke: I've been here, but working later hours. It's quieter, and I get more work done.

Tong: You work too much. What happened to our ❶**new hire**? I thought you were going to have another market researcher.

Keisuke: I did for a month, and he quit. No more full-timers, but we're going to hire a ❷**remote contractor**.

Tong: Oh wow, that was quick. Hopefully the remote contractor will work out for you.

Keisuke: Yeah, I hope so. What are you doing here so late?

❶ new hire

新入社員

newly hired employee の略語で、ここ
での hire は「雇う」という動詞ではなく
「雇用者」「従業員」という意味の名詞とし
て使われています。日本でいう「新入社員」
とは違い、転職の多いアメリカでは新しく雇
われた中途採用の人も new hire と呼ぶの
で注意が必要です。

❷ remote contractor

リモート業務委託

independent contractor が結ぶ契約の
一つで、リモートで全ての業務を行なう働き
方です。なお、general contractors は建
設工事を発注者から直接請け負う業者を指
します。日本で使われている「ゼネコン」とは
違い、アメリカの（general）contractors
は個人宅のリノベーションなど比較的小規
模な案件をいくつも請け負います。

和訳

トングが勤務時間後に仕事をしている啓介
を見かけます。

トング: やあ、啓介。しばらく会いませんで
したね。どこにいたんですか?

啓介: 毎日オフィスにいましたけど、遅い
時間帯に仕事をしてるんです。その
方が静かだし、業務が進みます。

トング: 働きすぎですよ。**新しく入った人**はどう
したんですか? もう1人マーケットリ
サーチャーを雇うのかと思ってました。

啓介: 1ヶ月いたんですけど、辞めました。
もうフルタイム勤務の人は雇わず、
リモートの業務委託をする予定です。

トング: ええっ、それは短かったですね。リモー
ト業務委託がうまくいくといいのですが。

啓介: はい、そう願います。そちらこそこ
んな遅くに何してるんですか?

Keisuke からの
アドバイス

full timers はフルタイムで勤
務する人のことを指すけど、「パー
ト勤務」は I work part time.
/ I have a part-time job. /
I'm a part-timer. などという
言い方をするんだ。アルバイト
はドイツ語の arbeit「仕事」に
由来する言葉で、英語圏では
通じないから注意が必要だよ。

Unit 01

155

Dialogue 2 | 次の会話を声に出して読んでみましょう。　🔊 Track62

Tong misses the benefits he got as an exempt employee.

Tong: Our team started ❶**outsourcing** more work to India, but we're still a little behind. I'm here to finish up some work before I take a long weekend.

Keisuke: It's always nice to take time off work. Are you going somewhere?

Tong: Yes, I'm going skydiving with my boys! I wish I could take more time off. I got way more paid holidays when I was an ❷**exempt employee** back in Hawaii.

Keisuke: What is an exempt employee exactly?

Tong: It's just a term derived from labor law. Basically, exempt employees are full-time workers who are not eligible for overtime pay but tend to get more paid holidays.

CULTURAL TIP

雇用形態にはさまざまな種類があります。日本でよく聞く「派遣社員」は temporary staff で、日常会話ではその略 temp が使われます。形容詞的に temp job「派遣、短期の仕事」のようにも使います。また夏になると多くの大学生が intern「インターン」として働くなか、農業労働者は seasonal worker「季節労働者」として雇われます。スキーリゾートで冬の間だけ働く人たちも同じ呼び方ができます。

和訳

トングは、上級一般職として享受していた恩恵を思い返します。

トング：うちのチームはインドへの**外注**を増やしてるんですが、それでもまだスケジュールに追いついていません。長い週末の休暇を取る前に、片付けたい仕事があるんです。

啓介：仕事を休んで時間を取るのはいつもいいですよね。どこか行くんですか？

トング：ええ、息子たちとスカイダイビングに行きます。本当はもっと休みが取れるといいんですけどね。ハワイで**上級一般職**として働いていた時は、有給休暇を今よりもかなり多くもらってました。

啓介：上級一般職って厳密にはどういうものなんですか？

トング：労働法から生まれた言葉です。基本的には上級一般職は常勤の従業員で残業手当の支給対象外なんですが、より多く有給休暇をもらえる傾向がありますね。

今日から使おう
この表現!

❶
outsourcing

外注
外部委託

企業が自社で人を雇わず外部の組織に作業の一部を委託することを指します。ビデオゲームの制作においてはアニメーション、キャラクターデザイン、プログラミングなどさまざまな作業があり、米国のゲーム会社は人件費が安いインドやフィリピンなどに外注することが多いようです。

Unit 01

❷
exempt employee

上級一般職

米国の公正労働基準法では年収47,476ドル未満の従業員の残業には1.5倍の時給が義務付けられ、上級一般職はその対象から免除されるためexemptという単語が使われ、日本では管理職や専門職に相当します。non exempt employeeに比べ、より良い条件の医療補助や有給休暇などが雇用条件に含まれることが多いようです。

157

Unit 02
上級

The Art of Doing Nothing
「何もしない」という芸術

Carlos　Junko

Goal ⇢　「何もしない」という考え方について学びます

アメリカで英語を教えていると、多様な文化背景を持つ生徒と出会います。以前教えていた60代のイタリア人女性は積極的に周りの生徒に話しかけ、楽しそうに授業に取り組み、人生を謳歌するという言葉がぴったりの人でした。イタリアの文化には人生を楽しむコツがあるようです。

Dialogue 1 | 次の会話を声に出して読んでみましょう。 ◀)) Track63

Carlos and Junko are talking about their upcoming vacation.

Carlos: You know, I was actually surprised that you had agreed to go on a do-nothing type of vacation. I thought you would suggest something else.

Junko: Well, I like more active vacations with sightseeing, but I felt the need to slow down because I'm always ❶**on the go**. I realized recently that it's actually very difficult for me to do nothing.

Carlos: It's difficult because we're all ❷**hardwired to be** constantly productive, especially at work.

Junko: Yeah, I do see your point. I think doing nothing is a form of art, and I'm all for it now.

❶

on the go

あちこち動き回って
働き詰めで

常に忙しく動き回っていることを表します。また I always check my email on the go.「いつも出先でEメールをチェックする」など、「出先で」という意味でも使われます。

❷

hardwired to be ...

～であるようにできている

人の一般的な傾向を表し、(be) programmed to ...「～するようプログラムされている」といった言い方もします。また We are all wired to be social.「私たちは皆社会的(動物)である」のように hard を省くこともあります。

和訳

カルロスと順子は、今度の休暇について話しています。

カルロス: あのさ、実は君が何もしないバカンスに賛成してくれたのには驚いたんだよね。何か他のことを提案してくると思ってた。

順子: そうね、私は観光とかもっと活動的に休暇を過ごす方が好きだけど、いつも**働き詰めだ**からのんびりした方がいいと思ったの。私には、何もしないことがすごく難しいって最近気づいたんだよね。

カルロス: 僕たちは皆、特に職場では常に生産的**でいなければならない**から、何もしないっていうのは難しいよ。

順子: うん、あなたの言う通り。何もしないっていうのはある種の芸術よね。今は大賛成。

CULTURAL TIP

休暇の過ごし方というと、日本では多くの観光名所を周るツアーへの参加が昔から人気ですが、アメリカでツアーというと国立公園の案内など限定的なものに限られています。多くの人が1か所でのんびり過ごすことを好む傾向があり、特に美しいビーチを眺めながら何もしない休暇は常に話題になります。

Dialogue 2 | 次の会話を声に出して読んでみましょう。　🔊 Track64

Carlos explains the Italian concept of doing nothing.

Carlos: Doing nothing is an art, isn't it? My Italian friend told me their culture has this philosophy of "dolce far niente," which translates to "the sweetness of doing nothing."

Junko: What a nice concept!

Carlos: Right? He stressed that doing nothing doesn't really mean doing nothing at all, but **❶embracing moments** in everyday life. Something like taking a walk without a fixed destination or sitting on a park bench and enjoying watching people go by.

Junko: **❷I get the gist.** It all sounds simple, but it's something we rarely do in real life.

Carlosからの
アドバイス

僕はビデオゲームが好きなのもあって、ほとんどインターネットにつながっている状態なんだけど、「その時々を楽しむ」にはまず unplug「テクノロジーを排除、遮断する」することが必要だと感じたよ。unplug には Unplug the charger.「充電器をコンセントから抜く」のように「プラグを抜く」という意味があるんだけど、最近は「一定期間、生活からテクノロジーを一切排除する」という意味でも使うんだ。

和訳

カルロスはイタリア文化の「何もしない」という考え方について説明します。

カルロス：何もしないって芸術だよね。イタリア人の友達が、彼らの文化には「ドルチェ・ファール・ニエンテ」という人生哲学があるって教えてくれたんだ。「何もしないことの喜び」って意味なんだって。

順子：　素敵な考え方ね。

カルロス：でしょ。何もしないっていうのは本当に何もしないわけじゃなくて、日々の生活の**素晴らしい瞬間を受け入れる**ことだって強調してたよ。例えば、行き先を決めずに散歩をするとか、公園のベンチに座って行き交う人々を眺めるのを楽しむようなことだね。

順子：　**大体わかった。**すごく単純なことに聞こえるけど、現実の生活ではなかなかやらないよね。

❶
embrace moments
素晴らしい瞬間を受け入れる

embraceは「抱き締める」という意味がありますが、ここでは「受け入れる」「容認する」とことを表しています。moments を加えると「その時々を楽しむ」といった意味合いで、enjoy the moment「今というひとときを楽しむ」も同じように使われます。

❷
I get the gist.
大体わかりました

gistは「要点」という意味で、話の重要点や大筋は理解できる／できたことを表します。I get the idea. と置き換えることができます。またThe gist of it is ...「概要を説明すると〜」のように要点の説明をする表現にもなります。

Unit
02

161

Unit 03
上級

Persuasive Presentations (1)
説得力のあるプレゼン方法 (1)

Keisuke　　　Sandy

Goal ⤳ プレゼンに必要なスライド技術について学びます

以前教えていた美術大学の英語のクラスでは、絵や図表、動画など視覚的なものを理解、制作する能力 visual literacy の向上もテーマとなっていました。文字よりも視覚情報の方が物事を理解し発信するのに効果的であると言われているためです。プレゼンにおいても視覚に訴える資料は欠かせません。

Dialogue 1 　次の会話を声に出して読んでみましょう。　🔊 Track65

Keisuke is giving a mock presentation to Sandy in order to get her feedback.

Keisuke: So that's the end of my presentation. What do you think?

Sandy: You did a great job of putting together your market trend analysis, but your slides ❶**could use some improvement**.

Keisuke: Oh really? I thought I used enough charts and graphs to not bore the audience with numbers.

Sandy: Those are good forms of visuals, though, ❷**one thing to keep in mind** is that you don't need to include everything on the chart. It's best just to highlight the key points.

❶ could use some improvement

改良の余地がある

could use は「〜が必要」という意味があり、ここでは助言の語調を和らげる効果があります。普段は I could use a break.「休息したいなあ」、I could use some help.「少し手伝ってもらえるとありがたいのですが」のようにも使われます。

❷ one thing to keep in mind

一つ気を付けることは

keep in mind を remember に換えて one thing to remember「一つ覚えておくべきこと」で助言をすることもできます。

和訳

啓介は模擬プレゼンを行ない、サンディーの感想を聞いています。

啓介: これでプレゼンは終わりです。どうでしょうか?

サンディー: 市場傾向の分析がよくまとめられていたわ。でもスライドには**改善の余地がある**わね。

啓介: え、そうですか? 聴衆が数字で飽きないように、十分な図表とグラフを使っていると思ったんですが。

サンディー: 図表やグラフなどは十分な視覚資料よ。でも**一つ気をつけるのは**、図表に全ての情報を入れる必要はないということ。重要なポイントだけ強調するのが一番ね。

Sandyからの
アドバイス

何らかの構成比率を示すには pie chart (円グラフ)、時間経過と共に変化を示すには line graph (線グラフ)のように、提供する情報に最も適した図とグラフを選ぶことでわかりやすく、また興味をそそるプレゼンにすることができるわ。

Unit
03

| Dialogue 2 | 次の会話を声に出して読んでみましょう。　◀)) Track66 |

Sandy continues giving advice on the slides in Keisuke's presentation.

Sandy: Also, make sure you're presenting only one idea per slide. It's too much for the audience to follow multiple ideas at once.

Keisuke: Makes sense. I wish I had all these rules **❶down**.

Sandy: Well, these rules are **❷not set in stone**, so you'll have to figure out what works for you. When I check my slides, I try to eliminate unnecessary text by adding images that might help explain something better.

Keisuke: That's an ideal way of using visuals. I'll keep that in mind.

CULTURAL TIP

プレゼンの視覚情報の話になると A picture is worth a thousand words.「1 枚の絵は一千語に匹敵する」という慣用句がよく用いられます。例えば、気候変動を言葉で説明するよりも大洪水の写真を 1 枚見せる方が説得力があります。プレゼンも同様で、難しい内容を長文で説明するよりイメージを見せた方がわかりやすいことがあります。プレゼンの資料を作成する時はぜひ念頭に置いておくべき表現です。

和訳

サンディーは啓介のプレゼンのスライド
についてアドバイスを続けます。

サンディー: それに1枚のスライドには
一つのアイデアだけを述べ
るように気を付けて。一度
に複数のアイデアについて
把握するのは聞き手の負担
になるわ。

啓介: 確かに。こういったルール
を全て**わかって**いたらいい
のですが。

サンディー: でもまあ、これが**絶対という
わけではない**から、自分に
合ったものを見つけないと
ね。私が自分のスライドを
チェックする時は、よりわか
りやすくなるような画像を載
せて、不要な文字は削除す
るようにしてるわ。

啓介: 視覚情報を使う理想的な方
法ですね。覚えておきます。

❶
down

よくわかっている
よく通じている

have something down の形で
使 う 口 語 表 現 で、completely
master「完全にマスターする」とい
う意味があります。また Drink
after work?「仕事のあとに1杯ど
う?」I'm down (with that).「い
いね、そうしよう」のように俗語的な
使い方もよく耳にします。

❷
not set in stone

(何かが) そうと決まっているわけ
ではない

set in stoneの直訳は「石に刻まれ
ている」で、つまり何かが「不変であ
る」「変更不能」であることを意味し
ます。ここでは「これが絶対という
ルールはないけどね」といった否定
形で使われています。

Unit 04
上級

Persuasive Presentations (2)

説得力のあるプレゼン方法 (2)

Sandy   Keisuke

Goal ⤳ プレゼンに必要なボディランゲージについて学びます

アップル社の共同設立者、故スティーブ・ジョブズ氏の独創的なプレゼンテーションは有名でした。彼のプレゼンにおけるモットー「inform (情報を与える)、educate (教育する)、entertain (楽しませる)」はぜひ参考にしたいものです。

| Dialogue 1 | 次の会話を声に出して読んでみましょう。　🔊 Track67 |

Sandy and Keisuke begin talking about body language in presentations.

Sandy: Don't forget to take a deep breath before you start talking and smile during your presentation.

Keisuke: Thanks for the good reminders. I always **❶get tense** when I have to talk in front of people.

Sandy: Everyone gets nervous, and that's completely normal. All you have to do is stand tall and look confident. Making eye contact helps, too.

Keisuke: I have to admit that I'm not very comfortable with direct eye contact.

Sandy: I understand that it can be **❷daunting**.

❶ get tense
緊張する

緊張した状態を表すのに使われる表現です。get nervous に比べ、より張り詰めたニュアンスが含まれます。get tensed up「緊張してカチカチになる」といった言い方もします。

❷ daunting
ひるませる
怖気づかせる

難しくて精神的に圧倒されてしまうような状況を表す形容詞です。ビジネスでは This is a daunting task.「これはひるみそうになる仕事ですね」といった表現で耳にします。この場合は intimidating「驚異的な」や overwhelming「圧倒的な」と同じような意味を持ちます。

和訳

サンディーと啓介は、プレゼンにおけるボディランゲージについて話を始めます。

サンディー: 話し始める前に深呼吸すること、そしてプレゼンの最中は笑顔でいることを忘れないようにね。

啓介: 大切な点をリマインドいただきありがとうございます。僕は人前で話す時にいつも**緊張しちゃう**んです。

サンディー: 皆あがるからそれは全く普通のことよ。堂々とした態度で自信があるようにふるまうだけでいいの。あとアイコンタクトを取るのも役立つわ。

啓介: 正直言うと、目を合わせることにはためらいを感じます。

サンディー: 怖気づいてしまうのはわかるわ。

Keisukeからの
アドバイス

Fake it till you make it.「できるまではできるふりをする」という慣用句はビジネスシーンでよく耳にするけど、この考え方はプレゼンには特に当てはまるよね。自信がなくても、自信があるふりをし続ければいつかは本当に自信を持ってプレゼンできるようになると思うんだ。

Dialogue 2 | 次の会話を声に出して読んでみましょう。　◀)) Track68

Sandy continues with her advice on eye contact.

Sandy: If you're really uncomfortable making direct eye contact, you can fake it by looking at everyone's forehead instead.

Keisuke: That helps. I can definitely try that.

Sandy: You can really keep your audience ❶**engaged** by looking around the whole room.

Keisuke: I'm starting to feel more nervous about my presentation next week.

Sandy: ❷**There's no reason why you should.** These are all just tips to make good presentations even better. You've given many excellent presentations.

CULTURAL TIP

アメリカでは高校から public speaking（スピーチ）の経験を積んでいる人が多いせいか、とにかく自然で聴衆を飽きさせないプレゼンを見る機会がよくあります。冗談を言って笑わせたり、答えを求めない rhetorical questions（修辞疑問）を使ったりして、聴衆と会話をしているかのように進めていきます。ボディランゲージと共に聴衆の心をつかむ戦略はプレゼンに欠かせません。

和訳

サンディーはアイコンタクトについてのアドバイスを続けます。

サンディー: もし直接視線を交わすことが本当に苦手なら、代わりに聴衆の額を見るようにすればアイコンタクトを取っているふりができるわ。

啓介: それはいいですね。ぜひ試してみます。

サンディー: 会場全体を見渡すことで、確実に聴衆を**引きつけ**ておけるわよ。

啓介: 来週のプレゼンのことを考えるともっと緊張してきました。

サンディー: **そんな必要ないわ。**今言ったことは全て、あくまでもプレゼンをより良くするためのアドバイスなんだから。今まで素晴らしいプレゼンをたくさんしてきたじゃない。

今日から使おう
この表現!

❶ engage
引き込む
参加させる

プレゼンやスピーチなどで keep someone engaged ...「〜に(人)を引きつけておく」という形でよく耳にします。His presentation was very engaging.「彼のプレゼンはとても人を引きつけるものでした」のように形容詞でもよく使われます。

---

❷ There's no reason why you should.
そんな必要はありません

相手を励ます時などによく使われる表現です。shouldの後ろには相手の発言内容が省略されており、ここでは feel nervous がそれにあたります。

Unit
04

169

Unit 05
上級

Job Interview
就職面接

Junko   Alex

Goal ⇢ 就職面接での難しい質問とその答え方を学びます

ある就職面接で「この業務において不利になると思われる弱み」を聞かれたこと
があります。その仕事は後にマネジメント能力が要求されるとのことだったので、そ
の分野での経験は限られていると正直に伝えたところ、見事不合格でした。就職
面接では返答に困る質問にどう対応するかも試されます。

Dialogue 1 | 次の会話を声に出して読んでみましょう。   🔊 Track69

Alex starts talking about a job interview he had last week.

Junko: Hey Alex, how was your weekend?

Alex: It could've been better. Don't tell anyone, but I
        had a job interview on Friday, and I **❶bombed**
        it.

Junko: I had no idea you were looking for a new job.

Alex: I wasn't **❷actively looking for** it, but I came
        across something interesting, so I applied.

Junko: So what made you think that you didn't get
        the job?

Alex: First of all, the technical questions were really
        tricky to answer. But the most difficult one
        was about my weakness. It's a ridiculous
        question. Whatever you say is going to be a
        lie!

❶ bomb

失敗する

面接や重要な試験などで失敗した時に使う俗語で、fail よりも少し大げさな意味合いがあります。また若者が That party was the bomb!「あのパーティーは最高だったね!」のように the bomb の形で使うこともあり、この場合は「素晴らしいこと、人」という意味になります。

❷ actively look for ...

積極的に～を探す

何かを本格的に探し始める状態を表し、ここでは「積極的に探していたわけでない」という否定形で使われています。I'm actively looking for a relationship.「出会いを積極的に求めています」など、日常会話においてもよく耳にします。

和訳

アレックスが先週受けた就職面接について話し始めます。

順子: ハイ、アレックス。週末はどうだった?

アレックス: いまいち。他の人には内緒だけど、金曜日に面接を受けて**大失敗した**んだ。

順子: あなたが新しい仕事を探してたなんて知らなかったわ。

アレックス: **積極的に探して**たわけではないんだけど、興味のある求人があったから応募してみたんだ。

順子: でも、どうして不採用だと思うの?

アレックス: そもそも、技術的な質問が返答に困るものでさ。でも一番難しかった質問は、自分の弱点についてだね。馬鹿げた質問だよ。何を言ってもうそになるんだから!

CULTURAL TIP

外資系 IT 企業の面接にはいくつかの構成要素があり、プログラミング言語やネットワークに関する知識を試す technical interview「技術面接」をはじめ、最近は業界を問わず採用されている behavioral interview「行動面接」もよくあります。行動面接では、特定の状況における対応が試されます。困難に直面した時の対処法や自分の短所など、答えに迷う質問の回答は事前に準備しておくといいでしょう。

Dialogue 2 | 次の会話を声に出して読んでみましょう。 Track70

Junko seems to know how to handle difficult interview questions.

Junko: They're testing to see how you handle the question, so there is no reason to **❶be taken aback**. You just have to say, "I can be too honest at times."

Alex: What!? Are you making fun of me?

Junko: A little, but it's kind of true, right? My weakness is being too laid-back, even when there's a tight deadline, but I'm fully aware of it.

Alex: But that can be your strength as well.

Junko: Yes, that's why I always say, "In times of stress, I can still get the necessary work done because I know how to stay calm."

Alex: That's a nice way to **❷turn** your weakness **❸into** a strength. Wait a minute! Are you looking for a new job?

Junkoからの
アドバイス

I'm too honest. 「正直すぎます」より I can be too honest at times. 「正直すぎる時があります」の方が欠点を和らげられるわ。また I can be too honest at times, but I always strive to provide constructive feedback. 「正直すぎる時がありますが、常に建設的な意見を返すよう努めています」と言えば印象が変わるでしょ！

和訳

順子は面接での難しい質問への対応方法を心得ているようです。

順子: 面接官は、あなたが質問にどう対応するかを見ているの。だから**戸惑う**必要はないわ。あなたは「私は時々正直すぎることがあります」とだけ言えばいいんじゃない。

アレックス: なんだって? 僕をからかってるの?

順子: ちょっとね。でもある意味事実でしょ? 私の弱点は締め切りが厳しい時でもゆったりかまえすぎちゃうところだけど、自分でもよくわかってるの。

アレックス: でもそれは長所にもなりうるよね。

順子: そう。だから、私はいつも「仕事が大変な時でも必要な業務をやり遂げることができます。冷静でいる方法をわかっているからです」って言っているわ。

アレックス: 弱み**を**強み**に変える**いい方法だね。ちょっと待って! 新しい仕事を探してるの?

---

❶
(be) taken aback

戸惑う
驚く

I was taken aback by her generosity.「彼女の寛大さに驚かされました」のように何かに驚いたり戸惑ったりする状態を表し、否定的にも肯定的にも使われます。(be) surprised よりも強い驚きを表す印象があります。

- -

❷
turn ... into ～

…を～に変える

turn something into something の形で change/transform「変える、変換する」という意味になります。Turn your dream into reality.「あなたの夢を現実に変えましょう」などさまざまな場面で使えます。

自分の好きなことを見つける

日本の語学学校で英語を教えていた時に What are your hobbies? と聞くと、答えに迷ったあとに Sleeping. と答える生徒がかなりいました。日本は先進国のなかで最も睡眠時間が少ないといわれている国なので、日本人同士の会話で「寝ることが趣味」と聞いてもあまり違和感はないのかもしれません。

しかし英語圏において睡眠はあくまでも生理的欲求の一つなので、それを趣味に挙げた場合、大半の人が困った顔をするでしょう。私が住むサンフランシスコ・ベイエリアではアウトドア系の趣味を持つ人が多いのですが、ヨセミテの景色は壮大だった、子供と初めてロッククライミングをしたなど、趣味の話からどんどんと話題が広がっていきます。また以前コミュニティカレッジで60代のイタリア人の生徒が受講していましたが、彼女は友達作りを趣味に挙げていました。私よりクラスの生徒について詳しく、毎回周りの生徒と楽しそうに話をしていたのが印象的でした。

こういったことを振り返ると日本人の英語が伸びないのは、プライベートで好きな趣味がない人が多いことも理由にあるのではないかと思います。「ビジネス英語」も結局は日常会話の延長です。

例えば、週明けの職場では How was your weekend?「週末はどうだった?」で会話が始まり、金曜日には Any plans for the weekend?「週末の予定は?」で一週間の終わりを迎えます。どちらも趣味を持っていれば自然と会話が続く質問で、自分から違う話題を振ることもできます。

　たまにトングのようにスカイダイビングを趣味に持つようなすごい人もいますが、そんなマニアックな趣味である必要はありません。例えば、最近私は整理整頓がストレス解消になり、好きなことに気づきました。友人にそのことを言うと、不用品を売るメルカリや eBay（イーベイ）などのプラットフォーム、また世界的に有名になった片付けコンサルトのこんまり（近藤麻理恵さん）など、「片付け」からさまざまな話題につながりました。自分の好きなことであれば話はしやすいのです。会話力を向上させるためにすぐにできることは「好きなことを見つける」ことです。みなさんもぜひ探してみてください。

Unit 06

上級

An All-Hands Meeting

全社会議

Nicky　　Kenny

Goal ⇢　全社会議とその目的について理解を深めます

all-hands は all hands on deck の略で、「全船員甲板へ集まれ」という意味の海事用語に由来する表現です。all-hands meetings は従業員全員が集まる会議を指し、通常企業の理念や目指すゴールなどを社員と共有することを目的としています。

Dialogue 1　次の会話を声に出して読んでみましょう。　🔊 Track71

Nicky and Kenny are talking about the all-hands meeting taking place in a few weeks.

Nicky:　Are you going to the all-hands meeting?

Kenny:　I'd rather not go if I can **❶get away with** it. It's in L.A. this year, right? I mean that's a long way to travel just to sit through boring presentations.

Nicky:　Well, it's not in Tokyo this year, so you probably won't get in trouble if you don't go.

Kenny:　I don't know if I **❷buy into** corporate propaganda.

Nicky:　I never knew you were so cynical! It's a free trip to L.A. It'll be fun meeting people we usually don't get to see in person.

Kenny:　That's true, although there will be a bunch of executives.

176

❶ get away with ...

許される
から逃げきる

非難されるべき行為や無責任な行動に対する批判や罰から逃れることを意味します。Do you think you can get away with this?「こんなことをしてただで済むと思うの?」という使い方もよく耳にします。

❷ buy into ...

～を受け入れる
～に賛成する

何かを心底信じる、無批判に受け入れることを意味する口語表現です。ビジネスシーンでは We need to get people to buy into our idea.「人々に当社の考え方を支持してもらわないといけない」のような使い方もします。

和訳

ニッキーとケニーは数週間後に行なわれる全社会議について話しています。

ニッキー: ケニーは全社会議に行くの?

ケニー: **許される**なら、行きたくないな。今年はロサンゼルスでやるんでしょ? つまらないプレゼンをじっと聞くためだけに行くには遠すぎるよ。

ニッキー: まあ今年は会場が東京じゃないから、多分行かなくても問題にはならないと思うけど。

ケニー: 僕は会社のプロパガンダを**受け入れ**られないんじゃないかな。

ニッキー: あなたがそんなに皮肉屋だったとは知らなかった! ロスにただで行けるんだよ。普段直接会うことがない人たちと会えるのも楽しいと思うよ。

ケニー: 確かに。でも重役もいっぱい来るんでしょ。

CULTURAL TIP

グローバル・ゲームズ社のように各国に支社を持つ外資系企業の全社会議は、毎年会議の主催地が変わることも珍しくありません。また拠点数が多い企業では、2～3の都市で同時に開催することもあります。新型コロナの感染状況がひどかった年は多くの企業がオンライン開催への切り替えを余儀なくされましたが、皆が物理的に同じ場所に集まることに意味があるとされています。

Dialogue 2 | 次の会話を声に出して読んでみましょう。　🔊 Track72

Nicky shares her views on how the meeting can be beneficial.

Nicky: That's the whole point. It'll be nice to **❶put faces to the names**. And I think our company does a pretty good job in making the meeting engaging. Were you there for the last all-hands meeting?

Kenny: No, I missed it because I was sick.

Nicky: No wonder you feel this way. We had discussions in small groups on how the company can improve. My group submitted a suggestion to implement a better employee recognition program. The surprising thing about it was that the executives actually listened. It was nice to see a **❷tangible change** result from our ideas.

Kenny: Okay, maybe I will change my mind about attending this meeting.

Nickyからの
アドバイス

全社会議は、オンライン会議の画面越しでしか会ったことのない同僚や上司と直接話ができる貴重な機会です。また、めったに会う機会のない役員や社長とも話すチャンスがあるので人脈を広げたいと思っている人には絶好のネットワーキングのイベントよ！

和訳

ニッキーは、全社会議の有益性について自分の考えを話します。

ニッキー： そこが肝心な点なの。皆の**名前と顔が一致する**のはいいことでしょ。それにうちの会社は、かなりうまく全社会議を面白いものにしていると思うよ。前回の全社会議に出席した?

ケニー： ううん。病気で行けなかったんだ。

ニッキー： どうりでそんな風に感じているわけね。前回の会議では、少人数のグループに分かれて会社の改善策についてディスカッションをしたの。私のグループは、より良い社員表彰制度の実施を提案したわ。驚いたのは、役員の人たちがちゃんと話を聞いてくれたの。私たちの提案で**具体的な変化**につながったのは、良かったな。

ケニー： そっか。この会議の参加を考え直そうかな。

❶ Put faces to the names.

名前と顔が一致する

Put a face to the name. という慣用句が複数形で使われています。名前しか知らなかった人やメールや書面でしか話をしたことがなかった人の顔がわかることを意味します。It's nice to finally put a face to the name. 「やっとお会いできましたね」のようにも使うこともあります。

Unit 06

❷ tangible change

目に見える変化

tangibleは「触れられる」「実際の」という意味があり、具体的なものを指します。ビジネスにおいてはtangible business plan「具体的な事業計画」や tangible outcome「目に見える結果」などの表現で使います。

Product Planning

商品計画

Sandy　　　Alex

Goal ↝　商品計画にまつわる基本的な表現を学びます

IT 関連企業での商品計画では、アプリやゲームの新しい機能の開発をいつ
までにどのように進めていくか話し合うことが多いそうです。また古いサービス
（商品）を廃止し、新サービスを発表する場合は transition plan「移行計
画」を立てることもあります。

Dialogue 1 　次の会話を声に出して読んでみましょう。　🔊 Track73

Alex, Sandy and Wendy are in a product planning meeting.

Sandy: Since we are all here, let's get started. The agenda for this meeting is to talk about our ❶**product roadmap** for the next quarter. First of all, thank you for joining us, Alex. We were hoping to ❷**get some insights into** issues your team faced last quarter, so we are better prepared for the next project.

Alex: Of course. I'm happy to do that.

Wendy: So Sandy, our understanding is that you want us to start developing games for the new subscription service, correct?

Sandy: That's right. We want to phase out the current subscription in the next six months and roll out the new service by next November.

❶ product roadmap

製品ロードマップ

プロジェクトマネジメントの専門用語で、どのような商品をいつ展開していくかなどの計画や展望をまとめたものです。road-map は「行程表」「予定表」という意味で、単独でもよく使われます。

❷ get some insights into ...

〜を把握する
〜を理解する上での手掛かりを得る

insight(s) は「洞察」という意味があり、何かについて「見識を深める」または「理解を深める」状況において使われます。Could you provide some insights into how this happened?「この事態について考えていることを教えてもらえますか?」のように質問でも耳にします。

和訳

アレックス、サンディー、ウェンディーが商品計画会議を行なっています。

サンディー: 皆揃ったから、会議を始めましょう。今日の議題は次四半期の**製品ロードマップ**についてです。まずアレックス、会議に参加してくれてありがとう。あなたのチームが前四半期に直面した課題**を把握**して、次のプロジェクトではより万全を期せるようにしたいと考えています。

アレックス: もちろん、喜んで。

ウェンディー: それでサンディー、製品部は新しい定額制サービス向けゲームの開発着手を私たち技術部に求めていると理解していますが、正しいですか?

サンディー: その通りです。現在の定額制サービスを今後 6 ヶ月で段階的に廃止して、11 月までに新しいサービスを本格的に展開したいと考えています。

Sandy からの
アドバイス

商品計画のミーティングでは phase out や roll out といった表現を知っていると便利よ。phase out は get rid of「なくす」や discontinue「やめる」などと同じ意味で、古いサービスを徐々に廃止したり停止したりする時に使われるの。roll out は新商品の「発売」や新機能の「公開」などを意味するわ。

Dialogue 2 | 次の会話を声に出して読んでみましょう。 ◀)) Track74

Alex is sharing some of the problems his team encountered last quarter.

Alex: You're talking about a new type of subscription that **❶big players** in the market are offering, right?

Sandy: Yes, something similar but with fewer games, considering the size of our team. I'm hoping to come up with a package that stands out.

Alex: Coming up with a prototype can be quick. The problem is when we get to **❷fine-tuning** the final product. Last quarter, debugging and testing took twice as long as we had anticipated.

Wendy: What can we do differently this time?

Alex: Put more experienced developers on the project and have more QA.

Sandy: Let's make that happen for this new project so that we can meet our timeline.

CULTURAL TIP

米系IT企業では高品質な商品やサービスの提供を可能にするため、プロジェクトが遅延したり、実務上のトラブルなどがあったりすると root cause analysis「根本原因の分析」を徹底的に行ないます。その分析から原因を特定し、解決方法を見い出し、それを次のプロジェクトに活かします。

和訳

アレックスは彼のチームが前四半期に直面した問題について説明します。

アレックス: この市場での**大手**が提供している、新しいタイプの定額サービスのことを話してるんですよね?

サンディー: ええ。似たようなものだけど、担当チームの規模を考えるとゲーム数は少なくなるわね。注目される商品を出すことを期待しているけど。

アレックス: 試作品を出すのには、そんなに時間はかかりませんよ。問題は最終製品の**微調整**ですね。前四半期では、デバッグと（動作確認などの）テストに予想の 2 倍の時間がかかりました。

ウェンディー: 今回はどうすればいいのかしら。

アレックス: もっと経験のある開発エンジニアと品質担当エンジニアを投入すれば良いと思います。

サンディー: この新規プロジェクトでは計画通りに進められるように、そうしましょう。

❶
big player
大手（企業）

Walmart is a big player in the U.S. grocery market. 「ウォルマートは米国食品市場における主要企業だ」のように、ある業界の主要大手企業を挙げる際によく使われます。また各業界のトップ 3 を挙げる時は the big three という表現が便利です。

❷
fine-tuning
微調整

高性能・高品質の製品にするために必要な調整作業を意味します。Fine tune our business approach. 「経営手法を微調整する」のように、動詞の形でもよく使われます。

Unit
07

Unit 08
上級

Housewarming Party

新居祝いのパーティー

Nicky   Trisha

Goal ⇨ 新居祝いのパーティーについて学びます

渡米後にまず気が付いたのは、アメリカ人は何かにつけてパーティーをするのが好きなことです。housewarming は新居を祝うパーティーで、大抵引越しをして半年以内に行なわれます。パンやワインなどを詰めたフードバスケットや観葉植物などが新居祝いのプレゼントに人気です。

| **Dialogue 1** | 次の会話を声に出して読んでみましょう。　🔊 Track75 |

Trisha has invited her team members to her housewarming party.

Nicky: **❶Thanks for having us**, Trisha. What a nice condo! I love this enclosed balcony* space.

Kenny: Yeah, it's very spacious. No wonder you guys decided to purchase this place.

Trisha: Thanks. We're not completely ❷**settled down** yet, but I couldn't wait to have people over and enjoy our new home.

Carlos: That's definitely the way to go. You should take your time furnishing your place.

Nicky: Don't get him started on furniture. It'll be long.

❶ Thanks for having us.

私たちを招待してくれてありがとう

A: Thank you for coming.「来てくれてありがとう」B: Thank you for having me.「呼んでくれてありがとう」のように、帰り際のあいさつでもよく使われます。coming を coming over、また having も having me over とすることもできます。

❷ settle down

落ち着く

引っ越しや転職をした際に Have you settled down?「（新しい家・仕事で）落ち着いた？」といった質問でもよく耳にします。また I want to settle down.「結婚して落ち着きたい」のように結婚して家庭を持つという意味でも使われます。

和訳

トリシャが新居祝いのパーティーにチームメンバーを招待しました。

ニッキー： **招待してくれてありがとう**、トリシャ。素敵なマンションだね！この囲いのあるバルコニー気に入ったわ。

ケニー： うん、広々してるね。君たちが購入を決心したのもわかるよ。

トリシャ： ありがとう。まだ完全には**落ち着いていない**んだけど、皆を呼んで新居を楽しむのを待ちきれなかったの。

カルロス： まず新居での生活を楽しむのが一番。家具はじっくり時間をかけて選べばいいんです。

ニッキー： 彼に家具の話をさせちゃだめだよ。長くなるから。

＊通常はガラス張りのベランダを指すことが多い

CULTURAL TIP

アメリカ人にとって家は一生に一度の買い物という感覚はなく、家族構成やその時の環境によって買い替えるのが一般的です。新型コロナ感染拡大の真っ只中に不動産売買が急増したのはまさしくこの例で、多くの人が市外にある庭やテラス付きの家を求めて引越しをしました。このような背景からも新居祝いのパーティーに呼ばれることは少なくありません。

Dialogue 2	次の会話を声に出して読んでみましょう。　🔊 Track76

Kenny gives a housewarming present from the team to Trisha.

Kenny: (laughing) By the way, here's a little present from all of us.

Trisha: ❶**You guys shouldn't have**, but thank you! I wanted to add more color to the place, so this is perfect.

Kenny: I don't think you need to do much more to your house. It's spotless and organized.

Nicky: Yeah, I agree. And ❷**I love what you've done with the kitchen**. Are those custom cabinets?

Trisha: Yes, they are. We splurged on the kitchen and the bathroom because we'll be living here for a while.

Carlos: That's a good investment!

Trisha からの
アドバイス

贈り物をもらった時のお礼の言い方は何通りもあるの。もっとストレートにありがとうと伝えたい時は Thank you. I really needed ...「ありがとう。〜が本当に必要だったんです」や It's so thoughtful of you. Thank you.「気遣ってくれて嬉しいです。ありがとう」と言うことができるわ。

和訳

ケニーはチームからの新居祝いのプレゼントをトリシャに渡します。

ケニー: （笑いながら）ところで、僕たち皆からささやかなプレゼントです。

トリシャ: **そんなのよかったのに。**でもありがとう！ 家の中なかにもっと色が欲しかったから、このプレゼントは完璧よ。

ケニー: これ以上何かをする必要ないと思うけど。きれいで、整理されてるし。

ニッキー: ほんと、私もそう思う。それに**キッチンがいいね。**あの棚は特注？

トリシャ: そう。しばらくここに住むからキッチンとバスルームにはお金をかけたの。

カルロス: それはいい投資だね!

❶
You (guys) shouldn't have.

そんなのよかったのに

贈り物を受け取る時に使う表現で、「わざわざありがとう」といったニュアンスが含まれています。食べ物には This looks delicious.「おいしそう」、花束なら This is beautiful.「きれいですね」など、but に続けてプレゼントに対する感想を加えて使うこともできます。

Unit
08

❷
I love what you've done with the kitchen.

台所（作り、空間など）がいいですね

家のどこかを具体的に褒める時に便利な表現です。what you've done は全体的な雰囲気から戸棚まで、さまざまなことを指すことができます。また I love what you've done with your place. は皮肉的に「あなたの家すごい（ひどい）ね」という意味で使うこともあるので注意が必要です。

187

Sexual Harassment at Work

Sandy   Tim

職場でのセクハラ

Goal ⇢ セクハラの定義また会社のセクハラ対応
について理解を深めます

Me Too 運動*が世界的に広がってからは、職場でジェンダー平等を意識し
た態度や言葉使いがさらに求められるようになりました。

*セクハラや性暴力の被害体験をSNS上で告白・共有する動き。女性に対する暴力問題を、社会全体で
認識し変えていく必要があることを訴えた。

Dialogue 1 | 次の会話を声に出して読んでみましょう。　🔊 Track77

Sandy and Tim are in a meeting to talk about a contractor's inappropriate comment about women at work.

Sandy: Have you heard anything from HR?

Tim: Yes. So the Human Resources manager spoke to Matt. He has ❶**been written up** for inappropriate conduct. He's also required to go through sexual harassment awareness training.

Sandy: Did he seem to understand the nature of the problem? His comments were extremely ❷**misogynistic**. He didn't seem to understand when I spoke to him.

Tim: I'm sure Matt played dumb when you spoke to him because he didn't want to get in trouble. He's young and still has that college mentality. He might have thought he was just being funny.

❶ (be) written up

報告書に書かれる

何かの違反を正式に報告されることを意味し、学校で生徒が問題を起こした際にも同じ表現が使われます。他に official warning「警告」、disciplinary notice「懲戒処分通知」などの表現があります。

❷ misogynistic

女性憎悪の
女性差別の

日常会話では sexism「性差別」とほぼ同じ意味で使われますが、misogynistic（名詞は misogyny）は女性を嫌う気持ちが含まれます。また sexism は女性っぽい男性や LGBTQ+ などの性的少数者などに対する差別も含みますが、misogyny は女性だけに対する差別を表します。

和訳

サンディーとティムが、ある契約社員の職場での女性に対する不適切な発言について話し合っています。

サンディー： 人事部から何か話はありましたか？

ティム： うん。人事部長がマットと話をして、彼は不適切な行為をしたとして正式に**報告された**よ。それからセクシャルハラスメントに対する意識改革研修を受講するように命じられている。

サンディー： 彼は問題の本質を理解していましたか？　彼の発言は極めて**女性差別的**でした。私が話した時には、わかっていないようでしたから。

ティム： 君と話した時は、とがめられないようにとぼけたんだろうね。彼は若いし、まだ学生気分が抜けてないんだよ。ふざけているだけのつもりだったんだろう。

Sandyからの
アドバイス

セクシュアルハラスメント（性的嫌がらせ）は、「セクハラ」という略語で日本でも定着したけど、セクハラ問題に敏感なアメリカでは、「セクハラ行為」とされる範囲が広いの。日本でよく聞く「女性らしいきめ細かなサービス」や「女性ならではの視点」といった表現もアメリカではジェンダーバイアス（性差別）にあたる発言。従来の「男らしさ」や「女らしさ」といった考えや価値観に基づく発言には注意が必要よ。

Dialogue 2 | 次の会話を声に出して読んでみましょう。   ◀)) Track78

Sandy wants to make sure Matt understands the consequences of his behavior.

Sandy: His age is not an excuse for anything. He should've known better. This is a workplace.

Tim: You're absolutely right. He did apologize and promised that it will never happen again. The training should make him realize the ❶**gravity of this situation**.

Sandy: Didn't he have to go through the training when he started working here?

Tim: Contractors are usually not required to take our company training courses.

Sandy: I see. Hopefully he ❷**learned his lesson**. I don't want to see other women feel uncomfortable again.

CULTURAL TIP

容姿に対する発言は親しい友人であれば許される場合もありますが、アメリカでは基本的に容姿、体形、年齢に関するコメントはタブーなので、冗談でも「太った?」などと聞くのはよくありません。また着ているものを褒める際も You look beautiful/slim in that dress. などと直接外見に触れるよりも That's a nice dress. の方が無難です。

和訳

サンディーは、マットが自身の言動の重大さを確実に理解することを求めます。

サンディー: 年齢はなんの言い訳にもなりません。もう少し分別をつけるべきです。ここは職場です。

ティム: 全く君の言う通りだ。彼は謝罪して、二度とあのようなことはしないと約束したよ。研修を受ければ**ことの重大さ**に気づくだろう。

サンディー: 彼はうちで働き始める時に研修を受けなかったんですか?

ティム: 契約社員は会社の研修コースの参加を義務づけられていないんだ。

サンディー: そうですか。**今回の件で学んでくれた**のであればいいんですが。また他の女性たちが不快な思いをするのを見たくないですから。

今日から使おう
この表現!

❶ gravity of this situation

この状況の重大さ

ここでの gravity は significance「重要性」、importance「大切さ」、seriousness「深刻さ」などを意味します。

❷ learn one's lesson

教訓を得る
失敗から学ぶ

苦い経験から得た教訓を表すのに使われる表現です。I overslept and missed my flight. It was an expensive lesson to learn.「寝坊してフライトを逃しました。高い授業料でした」といった表現もあります。

Unit 09

Unit 10

上級

Venting at Work
職場で愚痴を言う

Nicky   Junko

Goal ⤳ 愚痴を言う時に使う表現を学びます

愚痴にはあまり良いイメージがありませんが、職場での不満をもらさずに働き続けるのも難しいものです。英語で「愚痴を言う」は vent。アメリカでは自分の感情を吐き出し誰かと共有することで、違うものの見方や解決法が見つかると考える人が少なくありません。

Dialogue 1 | 次の会話を声に出して読んでみましょう。　◀)) Track79

Nicky starts a conversation with Junko over lunch.

Nicky: Hi Junko, Can I join you? I'm having a late lunch, too.

Junko: Of course! I just finished a long conference call with some of my contractors in India. **❶It's been one problem after another.**

Nicky: I'm sorry to hear that. I guess we've both **❷had our fair share of** problems.

Junko: Really? What's going on with your team?

Nicky: Well, you know a part of our team is in Shanghai, but there are two guys who just can't seem to get along. They're always blaming each other when there's an issue.

❶
It's been one problem after another.

トラブル続き

Companies went bankrupt one after another. 「企業がバタバタと倒産した」のように one after another には「次から次に」という意味があります。

❷
have one's fair share of ...

〜が相当ある

何かを十分に経験したことを表し、嫌なことなど否定的な内容で使われる傾向があります。have more than one's fair share of ...「十分すぎるほど〜がある」のように more than を付けて強調することもできます。

和訳

ニッキーが昼食をとりながら順子と話をします。

ニッキー：ハイ、順子。一緒にいい？　私もお昼が遅くなっちゃった。

順子：　もちろん！　私は、インドのエンジニアの人たちとの長い電話会議が終わったところ。**トラブル続き**だわ。

ニッキー：それは大変ね。私だけでなくそちらも問題**が相当あった**みたいね。

順子：　そうなの？　あなたのチームでは何があったの？

ニッキー：それがね、うちのチームの一部は上海にあるでしょ。そのうちの2人が仲良くやれないみたいで。何か問題があると必ずお互いを責め合ってるの。

CULTURAL TIP

Unit 10

「愚痴り合いからも不満の解消方法を見つけましょう」といったキャリアアドバイスを目にすることがよくあり、愚痴にも生産性を求める姿勢が見られます。例えば、個人攻撃や人をおとしめるような悪口は非生産的とされていて、愚痴を言い合う時は否定的なことだけで終わらせずに、自分なりのアドバイスなど前向きな言葉をかけることも大切だそうです。

Dialogue 2 | 次の会話を声に出して読んでみましょう。　🔊 Track80

Nicky admits that she needed to vent to someone.

Junko: You know how some people just **❶rub you the wrong way**. Maybe that's what it is for these guys.

Nicky: Possibly, and everyone **❷is entitled to** their own opinions, but I'm just so fed up with all this drama.

Junko: I understand completely. I think it's best not to take sides and to stay out of it.

Nicky: Oh, I don't plan to take anyone's side. They're grown men. They should be able to figure something out. Sorry, I'm ruining your lunch break. I guess I just needed to vent.

Junko: There's no need to apologize. We all need to vent from time to time.

Nickyからの
アドバイス

I'm just so fed up with ... 「～にはうんざりだ」は愚痴を言う時の定番表現。他にも I've had it. 「もうたくさんだ」や I'm sick of it. 「もううんざりだ」など何通りもの言い方があるから一つ覚えておくと便利かもね。

和訳

ニッキーは愚痴を言う相手がほしかったようです。

順子： **感情を逆撫でしてくる**人がたまにいるじゃない。彼らがそうなんだろうね。

ニッキー： おそらくね。皆自分の意見を言う**権利がある**けど、このゴタゴタにはもううんざり。

順子： よくわかるよ。どちらか一方を支持せずに、関わらないのが一番だと思うよ。

ニッキー： ええ、どちらの肩も持つつもりはないわ。彼らはいい大人なんだから、自分たちで解決すべきだよ。ごめん、せっかくのお昼休みを台無しにしちゃったね。ただ愚痴が言いたかったのかも。

順子： 謝らなくていいよ。誰でもたまには不満を吐き出さないとね。

今日から使おう この表現!

❶ rub someone the wrong way

感情を逆撫でしてくる

直訳は「人を間違った方向に撫でる」で、つまり「逆撫でする」ことを意味します。He says things that rub me the wrong way. 「彼は私の神経を逆撫でするようなことを言う」といった使い方がよくされます。

---

❷ (be) entitled to ...

〜する権利がある
〜を得る資格がある

Employees are entitled to six weeks of parental leave. 「従業員は6週間の育児休暇を取る権利がある」など就業規則の文面でもよく使われます。

ボディランゲージを取り入れる

数年前、夫に指摘されるまで気づかなかったのですが、私は怒った時に身振り手振りが加わりとても大げさに怒りを表すそうです。「まるでアメリカ人のよう」と言われ私も思わず笑ってしまったのですが、確かにアメリカ人は喜怒哀楽を体全体で表現する傾向があります。

　日本では感情をあまり表に出さないことが良しとされているので、人前で怒りやいら立ちを感情いっぱいに表すのを見ると驚いてしまうでしょう。ですがアメリカ人は基本的にポジティブな感情表現も情熱的です。例えば誕生日にプレゼントを贈れば、両腕を広げてハグをしてくれるし、笑う時は「ワッハッハ」と歯を見せながら大声で笑います。相手のこういった反応を見ているとついこちらまで嬉しくなってきますが、これがボディランゲージの効果なのです。

　英語でのコミュケーション力を上げるには、語彙を増やしていくのと同じようにちょっとしたボディランゲージも取り入れていくといいでしょう。それは決して大げさなジェスチャーをするということではなく、ちょっとしたことから始まります。例えば外国人との

ビジネスでは初対面で握手をしますが、日本人は力がこもってないため自信がないように思われることが多いそうです。今度初めて誰かに会う時は笑顔でぎゅっと力を込めて握手をしてみてください。それだけで相手との会話の滑り出しがスムーズになるでしょう。

またプレゼンのユニットでも学習しましたが、英語圏の人と話す時はしっかりと目を見て話すのがマナーです。視線をそらすことは相手の話がつまらない、または相手の話に興味がないと捉えられることもあります。

UCLA*のある研究によると、プレゼンなどにおけるスピーカーの信ぴょう性は93%が声、表情、ジェスチャーなどの非言語的要素から成り立っていて、実際に話している言葉が占める割合はたったの7%だったそうです。ボディランゲージの効果は決して侮れないのです。

*(=University of California, Los Angeles) カリフォルニア大学ロサンゼルス校

Revisiting a Request for a Raise

Carlos   Trisha

昇給の再検討を依頼する

Goal ↝ 給与交渉を成功に導くポイントと
それにまつわる表現を学びます

米系企業では昇格やプロジェクトを成功に収めた時など、さまざまな機会において給与交渉が行なわれます。交渉を成功させるには自分の業績や会社に対する貢献などをなるべく具体的に伝え、自分が市場価値の高い人材であると伝えることが大切です。

Dialogue 1 | 次の会話を声に出して読んでみましょう。 🔊 Track81

Carlos and Trisha begin their meeting to talk about Carlos' salary.

Carlos: Thanks for taking the time to see me.

Trisha: Not at all. Actually it was a good time for this discussion since our business is beginning to ❶**wind down** a little.

Carlos: I'd like to talk about my compensation. It's been six months since I've been promoted to senior engineer without a raise. Since then, I've been taking on more responsibilities. You know that I saved at least a month of development time on the new project.

Trisha: Yes, I'm aware of your contributions, and I do recognize that you've been ❷**showing initiative**. I spoke with Wendy last week, and you are on the top of our list.

❶ wind down

終わりに近づく

何かが徐々に静まる様子や終わりを迎えることを意味します。また I'm winding down from this crazy week.「慌ただしい1週間の疲れを解きほぐしている」のように「ストレスを解消する」「くつろぐ」の意味としてもよく使われます。

❷ show initiative

自発的に行動する

自ら進んで難しい仕事を引き受けたり、新たな提案をしたりすることを意味し、昇給を交渉するにあたって重要な要素の一つとして挙げられます。

和訳

カルロスとトリシャが、カルロスの給料について話し合います。

カルロス： お時間を取っていただき、ありがとうございます。

トリシャ： どういたしまして。実は、そろそろ今年の業務も**終わりに近づき**だしているから、話し合いをするにはいいタイミングだったわ。

カルロス： 僕の給与について話し合いたいのですが。昇給なしでシニアエンジニアに昇格してから6ヶ月が経ちました。昇格以来、より多くの責任を負ってきました。新しいプロジェクトでの開発時間を少なくとも1ヶ月短縮したことはご存じですよね。

トリシャ： ええ、あなたの貢献については認識しているし、**自発的に行動している**ことも気づいているわ。先週ウェンディーと話をして、この件が私たちの最優先事項になってるから。

CULTURAL TIP

The squeaky wheel gets the grease.（きしむ車輪は油を差してもらえる＝不満は口に出して言わないと気付いてもらえない）ということわざがあります。米国では仕事においても「はっきりと自己主張をすれば、その見返りを得られる」という考え方をし、例えば昇給を一度却下されても諦めずに再交渉することが勧められています。

Dialogue 2 | 次の会話を声に出して読んでみましょう。 ◀) Track82

Carlos and Trisha move on to the specifics of Carlos' raise.

Carlos: What does that mean exactly? Could you give me the range we're talking about?

Trisha: We know the ❶**going market rate** and what you're making. Wendy also knows that your figure needs to be adjusted according to your skill and experience. What I can tell you now is that 4% is considered an average this year.

Carlos: I'm really thankful that you're ❷**looking out for me**, but I was really hoping for a substantial raise, more like 10%. 4% barely covers the inflation rate.

Trisha: I doubt that Wendy would agree to 10%, but I will let her know how you feel. Hopefully, we can come up with a number we're all happy with.

Carlosからの
アドバイス

米国の企業における昇給交渉では、具体的な金額や昇給率を上司と交渉することが珍しくないんだ。会社の提示額（率）が自分の希望よりも低い場合は、自分の市場価値をきちんと理解し、提示額（率）を基準に現実的に交渉できる範囲内でより高い金額を目指そう。

和訳

カルロスとトリシャは昇給の詳細について話します。

カルロス：それは具体的にはどういう意味でしょうか？　どのくらいの昇給範囲なのか教えてもらえますか？

トリシャ：給与の**相場**もあなたの現在の給与額も把握しているわ。それにウェンディーも、あなたがもらっている額がスキルと経験に見合うように調整が必要なことも承知しているの。今言えるのは、今年は平均4％の昇給が検討されているってことね。

カルロス：**僕の味方になって**いただいていることには本当に感謝します。でも僕が期待していたのは、10％とかそれなりの昇給率です。4％ではかろうじてインフレをカバーするだけです。

トリシャ：ウェンディーが10％の昇給に同意するとは思えないわ。でもあなたの気持ちは彼女に伝えておく。皆が納得できる額を出せるといいわね。

❶

going market rate

相場

対象になるものに応じて current standard「現在の基準」や usual price「通常価格」などと同じ意味を持ちます。market を省略して going rateで使うこともよくあります。

❷

look out for someone

（人）の味方になる

look after ...「〜に気を配る、〜の世話をする」と置き換えられます。ビジネスでは I'm always looking out for our interests.「私は常に我々社員の権利を守ることを考えている」のようにも使います。

Unit
11

201

Unit 12
上級

Resignation
退職

Keiko   Andrew

Goal ↪ 退職交渉から退職までの過程について理解を深めます

語学学校の同僚が仕事を辞めることになった時のこと。直属の上司へ退職の
意思を伝える際、今までの不満をどこまで正直に述べるべきか相談されました。
私情を挟まずに職場環境の改善につながるような意見を述べるのはなかなか
難しいものだと、その時実感しました。

Dialogue 1 | 次の会話を声に出して読んでみましょう。 🔊 Track83

Keiko is speaking with her manager about her resignation.

Keiko: Hi, Andrew. Thank you for meeting with me today.

Andrew: Of course. What can I do for you?

Keiko: Well, I have something to share. **❶It wasn't an easy decision**, but I have decided to pursue another opportunity.

Andrew: Oh wow, I didn't see this coming. **❷What can I do to change your mind?** If it's about the compensation, I'm sure we can work it out.

Keiko: I'm afraid nothing will change my decision. I really appreciate all your support during my time here.

❶ It wasn't an easy decision.

簡単な決断ではありませんでした

よく考えた上での決断であることを表す表現
です。他に It was a difficult decision
to make.「難しい決断でした」や This
decision wasn't made lightly.「軽い気
持ちで決めたことではありません」などの表現
があるので一つ覚えておくといいでしょう。

❷ What can I do to change your mind?

どうすればあなたの考えを変えられ
ますか?

退職願いを出した社員を引き止めるための
代表的な表現です。米企業では優秀な人
材であればあるほど引き止められる傾向が
あり、counteroffer(転職先の給料や条
件に対抗する新たな提案)を提示すること
も珍しくありません。

Unit 12

和訳

景子が退職について部長と話しています。

景子: ハイ、アンドリュー。今日は
お時間をいただきありがとう
ございます。

アンドリュー: もちろん。どうしたの?

景子: あの、お伝えしたいことがあ
るんです。**これは簡単な決断
ではなかったんですが**、他の
可能性を追求することを決め
たんです。

アンドリュー: えっ、それは全く想像してな
かったよ。**どうすれば君の考
えを変えられるかな**。もし給
料の問題なら、対応できると
思うよ。

景子: 残念ながら何があっても私の
決意は変わりません。ここで
働いていた間、サポートしてい
ただき本当に感謝しています。

Keiko からの
アドバイス

仕事を辞める際によく Don't
burn your bridges. という
表現を聞きます。直訳すると
「橋を燃やすな」、つまり「縁を
切らないように」「関係を壊さな
いように」という円満退職を促
す助言なのね。本当は職場に
不満があって辞める場合でも、
それをそのまま伝えるのではな
く、なるべくポジティブにまとめ
るのが得策です。

Dialogue 2 | 次の会話を声に出して読んでみましょう。　◀)) Track84

Keiko offers help to ensure a smooth transition.

Keiko: I've been wanting to explore marketing in the food industry for a while, and the new role will allow me to do that.

Andrew: It seems like your decision is firm. I'm sorry to see you go. I'm sure you will be a valuable asset to the new company as well.

Keiko: Thank you. That means a lot. **❶It's truly been a pleasure working with you.** If necessary, I can stay a little longer to **❷hand off** my project. I would really like to help make this transition as smooth as possible.

Andrew: I appreciate that. Let's talk about your last day tomorrow.

CULTURAL TIP

米国企業では、モンタナ州を除き全ての州で at-will employment（退職及び解雇自由の原則）の下に雇用契約が結ばれます。これは企業がいつでも自由に従業員を解雇できる権利を持つ代わりに、従業員もいつでも自由に退職できるというルールです。実際には、解雇の前にはある程度の事前説明があり、従業員も退職日の2週間前には退職届けを出すのが一般的とされています。

和訳

景子は業務の移行がスムーズに行なわれるように協力を申し出ます。

景子： ここしばらく食品業界のマーケティングを追求したいと思っていたんですが、新しい仕事でそれが叶うんです。

アンドリュー：どうやら君の決意は固いようだね。君がいなくなるのは残念だけど、新しい会社でも貴重な人材になると確信してるよ。

景子： ありがとうございます。とても嬉しいお言葉です。**部長と一緒にお仕事ができてとても光栄でした。**もし必要でしたら、私のプロジェクトを**引き継い**でもらうために退職時期を少し延ばすことはできます。なるべくスムーズに移行できるようにしたいですから。

アンドリュー：それはありがたい。明日、君の退職日について話し合おう。

❶
It's truly been a pleasure working with you.

あなたと一緒に働くことができてとても光栄でした

これまでの感謝を伝えるのに便利な表現です。他に I've really enjoyed working with you.「一緒に働けて楽しかったです」や Working with you has taught me a lot.「あなたと働いて多くのことを学ぶことができました」などがあります。

Unit
12

❷
hand off

引き渡す
任せる

他の人に業務の引き渡しや仕事を任せる時によく使われる表現で、ここではプロジェクトの「引き継ぎ」を指します。We're about to hand this project off to the other team.「私たちはこのプロジェクトを他のチームに引き渡します」のように hand と off の間に名詞を置いて使うこともできます。

205

Unit 13
上級

Workplace Demotivation

職場の士気低下

Ji-hoon　　　Tong

Goal ↦　職場の士気が低下する原因やそれにまつわる表現を学びます

外資系企業ではクリスマス休暇を利用して 1 〜 2 週間のバカンスを楽しむ社員が多く、休み明けの職場は全体的にだらけた雰囲気になります。それ以外にも、一時解雇や会社の業績悪化なども社員のやる気を低下させる要因になることがあります。

Dialogue 1	次の会話を声に出して読んでみましょう。　🔊 Track85

Ji-hoong and Tong are talking about their winter holidays.

Ji-hoon: Happy New Year, Tong. Did you enjoy the holidays?

Tong: My break was really hectic with my wife's family in town. We went on a ski trip together, but I was ❶**running around like a chicken with its head cut off**.

Ji-hoon: Sorry to hear that. I understand holidays can be draining. I don't feel like I got much rest during the break either, and I didn't even go anywhere.

Tong: Yeah, I feel like I need another vacation.

Ji-hoon: I'm definitely not in ❷**work mode** at all. It also doesn't help that several people are leaving the company this month.

❶

run around like a chicken with its head cut off

あたふたとかけずり回る

直訳すると「頭を切り落とされた鶏のように あちらこちら走り回る」という意味で、非常 に慌ただしい状態を表します。ここでは run around frantically「かけずり回る」 と置き換えることができます。

❷

work mode

仕事モード

mode は「状態」という意味で、ここでは I'm still in vacation mode.「僕はまだ 休暇モードだよ」という言い方もできます。 sleep mode「節電モード」や recovery mode「復旧モード」はコンピューター用 語でよく耳にします。

和訳

ジフンとトングが冬休みについて話していま す。

ジフン: トング、明けましておめでとうござ います。休みは楽しめましたか?

トング: 妻の家族が来ていたので、本当に 慌ただしかったです。一緒にスキー 旅行に行ったんですが、**あっちこっ ち走り回って**ましたよ。

ジフン: それは大変でしたね。休暇で疲れ るのはわかります。僕も休みの間に ゆっくり休息を取った感じがしませ ん。どこにも行ってないのにもかか わらずです。

トング: そうですね。また休みが欲しいくら いです。

ジフン: 僕は全く**仕事モード**じゃありません。 それに今月何人か自主退職していく のも、やる気が失せますね。

Ji-hoon からの
アドバイス

英語圏では、休暇後なんとなく 気分が晴れない状態を post-vacation blues という表現で 表すんだ。post-vacation は 「休暇後」、blues は日本語に もある「ブルーな気分」つまり 「憂鬱」という意味。日本の「五 月病」と似たようなニュアンスだ ね。I have the post-vacation blues!「休暇明けで憂鬱な気 分だ」なんて言い方もできるよ。

Unit 13　Workplace Demotivation

上級　　職場の士気低下

Dialogue 2 ｜ 次の会話を声に出して読んでみましょう。　🔊 Track86

There are layoff rumors at the office.

Tong: The company is not doing well. **❶Can you blame them?** I feel like I should also be looking into other opportunities.

Ji-hoon: I know, this whole situation is **❷dragging everyone down**. It's really demotivating. I heard a rumor that there might be another round of layoff as well. Did you hear anything about that?

Tong: No, I haven't heard anything. I'm sure only Wendy and Tim would know the details.

Ji-hoon: I hope the company planned some damage control if they are going to lay people off.

Tong: I sure hope so.

CULTURAL TIP

Damage Control「ダメージ軽減策」とは、何らかの被害を最小限にとどめるための対策です。北米では一時解雇は珍しくないものの、今までの人間関係が崩れたり、個人の仕事量が増えたりなど、残された社員が被るダメージが大きいのも事実です。このため上司が部下とone-on-one meeting「個別面談」で社員の気持ちやニーズを把握し、優秀な社員には新たなチャンスに目を向けさせるような対策が重要になります。

和訳

職場では一時解雇の噂が流れているようです。

トング： 会社の状況があまり良くないですからね。**彼らを責められません**。私も他の雇用機会を探るべきかと思い始めています。

ジフン： わかります。この状況で**皆が浮かない気持ちになっています**。本当にモチベーションが下がりますよ。それに、また一時解雇が行なわれるかもという噂を聞きました。何か聞きましたか？

トング： いえ、何も聞いてないです。詳細について知っているのはウェンディーとティムだけでしょう。

ジフン： 一時解雇をするなら、会社は残る従業員へのダメージ軽減策を取って欲しいです。

トング： 本当にそうしてほしいですね。

今日から使おう
この表現!

︾

❶

Can you blame them?

彼らを責められない

話の内容に共感できる場合に使う表現で、I don't blame them. のようにdon't を使った表現もあります。また Can you blame them for leaving?「彼らが辞めるのは仕方ないですよ」のように for を使って詳しい状況を加えることもできます。

Unit 13

---

❷

drag someone down

（人）を浮かない気持ちにさせる

ある状況で浮かない気持ちになる時に使います。Don't let the bad day drag you down.「嫌なことがあっても落ち込まないで」のように人を励ますのに使われることもあります。また drag を bring に置き換えることもできます。

Unit 14
上級

Performance Improvement Plan

Alex   Trisha

業績改善計画

Goal ⤳ 就業態度に問題があるスタッフに対する、
企業の対応について学びます

外資系企業では、業績の悪い状態が続く従業員は PIP（ピップ = Performance Improvement Plan）と呼ばれる、業績改善計画の対象になる場合があります。これは直属の上司と人事担当が行なうもので、問題のある従業員の業績改善計画を立て、業績改善や成績向上を促すものです。

Dialogue 1 | 次の会話を声に出して読んでみましょう。 🔊 Track87

Trisha is having a meeting with Alex to talk about Kenny, who has not been performing well.

Alex: So you wanted to talk about Kenny, right? What's going on?

Trisha: Well, Carlos and Nicky both told me that Kenny hasn't been ❶**doing his share of work**. He missed multiple deadlines and his status appeared to be offline regularly.

Alex: That's definitely not a good sign. Has Kenny asked for your help?

Trisha: No, he hasn't, and that's the problem. He doesn't ask questions when he needs to. He just ❷**does his own thing**.

Alex: I did notice that he has difficulty admitting that he doesn't understand something.

今日から使おう
この表現!

❶ do one's share of work

（人）に割り当てられた仕事をする

one's shareで「自分の分担」という意味
があり、Just do your share.「自分の仕
事はきちんとしてください」のように注意を促
す表現としても使われます。

❷ do one's own thing

自分の好きなようにやる

「自分の好きなようにする、思った通りに何
かをする」という意味です。個人事業を始め
る際などに I just want to do my own
thing.「自分のやりたいことをしたいんだ」
のようにも使われます。

和訳

トリシャは就業態度に問題のあるケニーについて話し合うため、アレックスと会議をしています。

アレックス：それでケニーについて話をしたかったんだよね。どういう状況なの?

トリシャ：　それが、カルロスとニッキーが2人とも、ケニーが**割り当てられた仕事を**していないって私に報告してきたのよ。いくつも締め切りを破ってる上に、（会社の）オンラインチャットのステータスがしょっちゅうオフになっているらしいの。

アレックス：それは良くない兆候だね。ケニーは君に助けを求めてきたことはあるの?

トリシャ：　いいえ、ないわ。それが問題なの。彼は質問すべき時にしないのよ。**自分の好きなようにやる**だけで。

アレックス：ケニーは理解できないことがある時、それをなかなか認められないというのは僕も気づいてたよ。

Trishaからの
アドバイス

英語圏でセミナーやワークショップなどに参加すると、質疑応答の時間に主催者が That's a good/great question.「それはいい質問ですね」といった表現を使うのをよく聞くわ。これは Any question is a good question.「どんな質問でもいい質問」と捉える傾向があるから。職場でもわからないことがある場合は誰かに聞くことが大切よ。

Unit
14

211

Dialogue 2 | 次の会話を声に出して読んでみましょう。 ◀)) Track88

Alex and Trisha are discussing what should be done about Kenny.

Trisha: Should I escalate this issue to Wendy?

Alex: Yes, we should probably **❶put him on a PIP** right away.

Trisha: I was hoping that I didn't have to do that because I'm worried that Kenny won't take this well.

Alex: Nobody will be happy to be put on a PIP, but it is designed to help employees like him. We'll let him know we're here to support him, and he needs to see this as an opportunity to **❷redeem himself.**

Trisha: You're right. I'll do what I can to help him. It's too bad because he was making some progress at one point.

CULTURAL TIP

PIP「業績改善計画」にかけられた社員に改善が見られない場合、降格やリストラにもつながるためPIPを解雇のサインと取る人も多いそうです。しかし、対象社員の業績が良くない原因は意識面の問題や職場の環境などもありうるため、PIPは社員を再生・戦力化するチャンスでもあるのです。

和訳

アレックスとトリシャはケニーについて何をすべきか話し合います。

トリシャ： この問題はウェンディーに報告した方がいいかしら。

アレックス： そうだね。すぐにでも**ケニーを業績改善計画にかける**のがいいのかもしれない。

トリシャ： それはできればやりたくなかったのよね。ケニーが冷静に受け止められないんじゃないかと心配なの。

アレックス： 確かにPIPにかけられて嬉しい人はいないだろうね。でもPIPはケニーみたいな社員を助けるために作られてるんだ。僕たちは彼を支援するためにいることを伝えて、ケニーにはこれを**名誉回復**のチャンスだと捉えてもらう必要があるよ。

トリシャ： そうね。私は彼を助けるためにできることをするわ。ケニーは進歩が見られた時期もあったから残念だわ。

❶

put someone on a PIP

（人）を業績改善計画にかける

put ... on ～で「…を～に乗せる、課す」の意味になります。My doctor put me on a strict diet plan. 「かかりつけ医に厳しい食事制限を課せられた」など、さまざまな場面で応用できます。

❷

redeem oneself

（人）の名誉を回復する

ここでのredeemは悪い行ないを努力して「正す」という意味ですが、Redeem your miles for a free flight.「マイルを特典航空券と引き換えましょう」のように「引き換える」の意味もあります。

Unit 15
上級

Work-Life Balance
ワークライフバランス

Junko　*Carlos*

Goal ⤳　ワークライフバランスについて理解を深めます

新型コロナの大流行が続いたアメリカでは、最低限の仕事のみを行ない私生活を重視する quiet quitting「静かな退職」という働き方が社会現象になりました。コロナ禍による勤務形態の多様化が、労働への価値観に変化をもたらしたのでしょう。「仕事とは何か?」は永遠のテーマです。

Dialogue 1　次の会話を声に出して読んでみましょう。　🔊 Track89

Junko starts talking about an article she read on work-life balance.

Junko: I read this article about the working conditions in Finland. Did you know that on average people there get six weeks of **❶paid leave** each year?

Carlos: No, I didn't, although I've heard that people in EU countries really keep their work-life balance in check.

Junko: That's amazing! I mean can you imagine all the things you could do with that time off?

Carlos: Yeah, even in the U.S., people still work quite a bit.

Junko: The impression that I get is that people in the **❷managerial level** are overworked in the U.S., but regular employees seem to enjoy their lives after work.

❶ paid leave

有給休暇

有給休暇を表す少しかしこまった表現です。paid vacationや paid time off (PTO) など、何通りもの言い方があり、どれも同じように使うことができます。有給の話題では annual paid leave「年次有給休暇」もよく耳にします。

❷ managerial level

管理職レベル

企業における管理職層を指します。多くの企業で top-level/mid-level/lower-level management「経営層、中間管理、初級管理」のように分けられています。

和訳

順子がワークライフバランスに関する記事について話します。

順子： フィンランドでの労働条件についての記事を読んだんだけど、あの国では平均で毎年6週間の**有給休暇**をもらえるって知ってた?

カルロス： ううん、知らなかった。EU諸国の人たちはワークライフバランスをかなり大切にしているって聞いたことはあるけど。

順子： すごいよね! だってそんなにたくさん休みがあったら、したいことがどれだけできるか想像できる?

カルロス： そうだね、アメリカでも皆結構働いているからね。

順子： 私の印象ではアメリカでは**管理職レベル**の人たちは働きすぎだけど、一般社員は仕事後の生活も楽しんでそうな感じがする。

CULTURAL TIP

アメリカでも社員の離職を防止するため、ワークライフバランスを促進する独自の福利厚生を導入する企業が増えています。人気のある福利厚生はやはり休暇に関するもので、隔週休3日制や6ヶ月以上の男性産休など、家族との時間を大切にできる仕事であることは非常に重要になってきています。

Dialogue 2 | 次の会話を声に出して読んでみましょう。　🔊 Track90

Carlos shares his views on how to disconnect from work.

Carlos: That's a pretty accurate observation. I mean when I worked in the U.S., no one worked beyond their contractual working hours. **❶Forget about** unpaid overtime.

Junko: That's a good thing. One thing that bothers me more and more is having to respond to work emails right away. It kind of became the **❷norm**.

Carlos: Well, I think that's slowly starting to change. I stopped responding to work emails altogether on the weekends. We all need to draw a line between work and personal life. You should try it, too.

Junko: You're probably right. I love my job, but there are other things in life to enjoy.

Carlosからの
アドバイス

Stop and smell the roses. は僕が好きな慣用句の一つ。直訳は「立ち止まってバラの匂いを嗅ぐ」だけど、身近にある幸せや楽しみに目を向けようという意味でよく使われるんだ。仕事ばかりしている人にも「ペースを落として、人生を楽しもうよ」という意味合いでよく使われるよ。

和訳

カルロスは仕事からの離れ方についての考えを話します。

カルロス: それはかなり正確な見方だね。というのは僕がアメリカで働いてた時は、誰も契約上の業務時間以上は仕事をしてなかったから。サービス残業**なんて論外**だよ。

順子: 良いことだわ。どんどん私を煩わせているのが、仕事のメールにはすぐ返信しなくちゃいけないこと。なんだかそれが**一般的なルール**になってるじゃない。

カルロス: うーん、それは少しずつ変わってきてるんじゃないかな。僕は週末に仕事のメールに返信するのを一切やめたんだ。皆、仕事とプライベートの線引きをするべきだよ。順子もそうしてみたら。

順子: 確かにそうかも。私は自分の仕事が好きだけど、人生には他にも楽しむことがあるもんね。

今日から使おう この表現!

❶

forget about ...

〜なんて論外だ

Forget about it. 「忘れてください」「なんでもない」という形でもよく耳にしますが、ここでは「話にならない（から忘れて）」といった意味で使われています。Out of the question. 「問題外」とほぼ同じ意味です。

----

❷

norm

一般的な水準
標準

cultural norms「文化規範」、gender norms「ジェンダー規範」などさまざまな使い方ができます。また Large families are not the norm anymore. 「大家族は普通でなくなった」のように、今では珍しくなったことを否定形で表すこともよくあります。

Unit 15

See the Light
at the End of the Tunnel

大学院の卒業が近づいてきていた 2012 年頃から、語学学
校でのインターンをしながらもう少し安定した大学での仕事
を求め就職活動を始めました。実際は学校を卒業してからもその
活動は続き 2 年間で 10 校以上の講師の求人に応募しましたが、
面接を受けることができたのは数校でした。

　応募した学校から返事がこないことに落胆する 1 年を過ごし、さ
らに追い討ちをかけるような出来事がありました。インターンを終
え、パートの講師として働くようになった語学学校の上司から紹介
された求人で、私よりはるかに経験の少ない同僚らが書類審査に
通り、私だけは面接に呼ばれなかったのでした。今振り返ると、
この結果にもさまざまな理由があったのかもしれないと思うことも
できますが、当時は雇用の面でも英語のネイティブスピーカー信
仰がまだ残っていたので、それを疑わずにはいられませんでした。

　私がようやく就職活動を成功させる糸口を見つけたのは、サン
フランシスコにある美術大学での講師に応募した時です。それま
での面接においては日本での講師経験に触れた人はいませんでし
たが、ここでは東京での経験を含め、私を評価してくれたのです。

良い結果を友達に知らせた際は I could finally see the light at the end of the tunnel.「ようやく就職活動の見通しが立った」という表現を使いました。直訳すると「トンネルの出口にある光が見える」という意味で、辛いことが長く続くなかでようやく希望の光が見えたことを表します。この表現は日常会話だけでなくニュースなどでもよく目にします。

例 1）

職場で手間のかかる作業をする時

A: Another day of debugging!

　「今日もまたデバッグ作業かぁ」

B: It's been a hard few weeks, but now we can finally see the light at the end of the tunnel.

　「この数週間は大変だったけど、やっと終わりが見えてきたよ」

例 2）

新型コロナに関する報道の表現

We are beginning to see the light at the end of the tunnel with this pandemic.

「新型コロナ収束の兆しが見えてきました」

皆さんの英語学習にも、上達の兆しが見え始めているのではないでしょうか。

上級練習問題

上級レベルで学んだ表現を使って会話を完成させましょう。状況に応じて表現の応用が必要な問題も含まれています。

1. **A:** When is the holiday party? (ホリデーパーティーはいつですか?)

   B: The first week of December, but it's not _____. We need to find a venue first.

2. **A:** Thanks for coming today. (今日は来てくれてありがとう)

   B: _____. I had a great time!

3. **A:** Here's something from both of us. (私たちからのプレゼントです)

   B: _____, but these flowers are beautiful.

4. **A:** How do I get back into _____ after an amazing vacation?

   B: That's a very good question! I always ask that myself.
   (とてもいい質問です! 私もいつも同じ質問を自分にしています)

5. **A:** There've been multiple changes to the game design. I'm fed up with this project.
   (ゲームデザインに何度も変更がありましたよね。このプロジェクトにはいい加減うんざりです)

   B: I _____. I think it's testing everyone's patience.

6. **A:** Who's in charge of training the _____?

   B: I'm in charge of the onboarding process. (新人研修の担当は私です)

7. **A:** Is it possible to finish the project on time?
   (このプロジェクトを予定通りに終えることができますか?)

   B: We can keep our original timeline if we _____ our application development.

8. **A:** Are you taking that job offer in London?
(ロンドンでの仕事は引き受けるつもりですか?)

   B: I'm not sure. It's pretty _____ to move to a new country.

9. **A:** I suck at job interviews. I always get really _____.

   B: Just take a deep breath and do your best! (深呼吸をして頑張ってください)

10. **A:** I saw a job posting with 15 days of _____ for new hires.

   B: That's a good offer for U.S. companies.
(米企業においては魅力的な条件ですね)

11. **A:** I heard that new food startup company has crazy work hours. (あの食品ベンチャー企業はすごい長時間勤務だって聞きました)

   B: Yeah I know someone who works there. _____ having a life outside of work!

12. **A:** I've been really busy with work lately. And I have more projects coming up.
(最近とても仕事が忙しくて。その上新たなプロジェクトも始動するんです)

   B: It's good to be busy, but don't forget to _____.

13. **A:** Do you understand this new programming language?
(新しいプログラミング言語はわかりますか?)

   B: Not entirely, but _____.

14. **A:** I'm tempted to tell my manager the real reason I'm leaving.
(辞める本当の理由を上司に言いたくなります)

   B: It's better that you don't. You don't want to _____.

15. A: _____ to make, but today was my last day at Global Games.

    B: I think you made the right decision. You're starting your dream job! (私はいい決断だと思います。夢見ていた仕事に就くのですから！)

16. A: We're about to _____ this project to the other team.

    B: I can help with the transition if it's necessary.
(もし必要であれば移行作業をお手伝いします)

17. A: I can't stand him. His attitude _____.

    B: Don't let him get to you. You don't have to get along with everyone. (気にしないことです。皆と仲良くする必要はありません)

18. A: Could you provide _____ how this happened?

    B: I wish I could, but I don't have a good explanation either.
(そうしたいのですが、私もきちんとした理由が思い当たらないんです)

19. A: I can't believe I fell for this scam. I thought I got a deal.
(こんな詐欺に引っかかったなんて信じられないです。お得な買い物だと思ったのに)

    B: When something is too good to be true, it probably isn't. Hope you _____.

20. A: I do yoga to _____ from the busy day.

    B: A glass of wine over dinner always works for me!
(私は夕食を取りながら1杯のワインを飲むのがいつも効果的！)

21. A: It's a shame so many people _____ unscientific information.

    B: That's what fake news is all about. (それがフェイクニュースってものです)

初級練習問題の解答

1. It's a pleasure to meet you
2. I've heard a lot of good things about you
3. I'm feeling a little off
4. I've been feeling dizzy
5. I'm feeling under the weather
6. use one's own judgement
7. the same as before
8. I can help you with that
9. Don't mention it
10. You scratch my back, and I'll scratch yours
11. Can you tell me more about it
12. We'll figure this out together
13. Everyone is running late
14. You'll have to tell me more about it later
15. I'm terrible at remembering birthdays
16. It's on the team
17. I'll get this round
18. It's really good to have you back
19. You can't go wrong with Hawaii
20. Let's kick back and relax
21. Let's wrap this up
22. Hold your horses
23. You can't be too careful
24. I booked a table for four
25. I did a quick search
26. Are you ready to order
27. What would you like to drink
28. I'm in a bit of a rush
29. It shouldn't take long

1. see it coming

2. sweet spot

3. feel burned out

4. There is someone for everyone

5. tie the knot

6. morning fix

7. comes at a price

8. going out of your way

9. spare

10. sticking point

11. I respect your

12. Keep this to

13. takeaways

14. change things up

15. You haven't missed anything

16. I'd like you to meet my

17. pick up the slack

18. pick up on

19. it's easier said than done

20. mindset

21. doable

1. set in stone

2. Thanks for having me

3. You (guys) shouldn't have

4. work mode

5. don't blame you

6. new hire(s)

7. outsource

8. daunting

9. tense

10. paid leave

11. Forget about

12. stop and smell the roses

13. I get the gist

14. burn your bridges

15. It was a difficult decision

16. hand off

17. rubs me the wrong way

18. some insights into

19. learned your lesson

20. wind down

21. buy into

（著者紹介）

金井 真努香（かない・まどか）

ニューヨーク生まれ。中学時代をシカゴで過ごし、オレゴン大学（ジャーナリズム専攻）を卒業。帰国後「NHKワールド・ラジオ日本」英語ニュースアナウンサー、「NHK Newsline」テレビアナウンサー、NHK「入門ビジネス英語」の教材執筆などを経験する。また毎日ウィークリーで11年間「金井真努香のビジネス会話ABC!」と「サンフランシスコ便り」を連載。2013年にサンフランシスコ州立大学大学院英語科修士課程修了（英語教育専攻）。サンフランシスコにある大学での講師経験は10年以上にのぼる。TOEICスコア990点 http://www.madokakanai.com

（企画・編集協力／和訳）

亀井 美穂（かめい・みほ）

元毎日ウィークリー編集者。東京育ち。大学卒業後、カナダに2年間留学。英語学習と母語研鑽は生涯のテーマ。英検1級

（収録音声）

収録時間：約43分39秒

出　演：Bob Werley（Alex/ Tim）、Christiane Brew（Trisha/ Wendy）、Jackson Lee（Tong/ Ken）、Jon Sabay（Ji-hoon/ Andrew/ Lyft Driver）、Kimberly Tierney（Nicky/ Server）、Lisa Sumiyoshi（Sandy）、Mai Nakazato（Junko/ Keiko）、Masahito Kawahata（Keisuke）、Vinay Murthy（Carlos/ Kenny）

- ──カバー・本文デザイン、イラスト　　Ampersand Inc. 長尾 和美
- ──DTP・本文図版　　　　　　　　　ＫＤＡプリント
- ──校正　　　　　　　　　　　　　　余田 志保
- ──英文校正　　　　　　　　　　　　Brooke Lathram-Abe
- ──音声キャスティング　　　　　　　Bob Werley

［音声DL付］脱・完璧英語！
「伝わる」職場の英会話 English for the Workplace

2023年 5 月25日　　　初版発行

著者	金井 真努香
発行者	内田 真介
発行・発売	ベレ出版 〒162-0832　東京都新宿区岩戸町12レベッカビル TEL.03-5225-4790　FAX.03-5225-4795 ホームページ　https://www.beret.co.jp/
印刷	三松堂印刷株式会社
製本	根本製本株式会社

ISBN 978-4-86064-724-7 C2082　　　　　　　　　編集担当　大石裕子